Gérer ses photos numériques

Trier ▪ Archiver ▪ Partager

Chez le même éditeur

S. Abric. – **DPP pour les photographes**, 2009, 122 pages.
M. Evening. – **Photoshop CS4 pour les photographes**, 2009, 630 pages.
V. Gilbert. – **Développer ses fichiers RAW**, 3e édition, 2009, 516 pages.
E. Siegel. – **Cours de photo de mode**, 2009, 144 pages.
M. Evening. – **Lightroom 2 pour les photographes**, 2009, 524 pages.
P. Ricordel. – **Capture NX2 pour les photographes**, 2008, 304 pages.
J.-M. Sepulchre. – **DxO pour les photographes**, 2008, 162 pages.
J. Delmas. – **La gestion des couleurs pour les photographes**, 2e édition, 2007, 426 pages.

Aux éditions VM

Techniques de la photo – Prise de vue

F. Hunter, S. Biver, P. Fuqua. – **Manuel d'éclairage photo**, 2009, 226 pages.
C. Domens, R. Fasseur, S. Lacroix. – **Photographie de voyage – Guide pratique**, 2009, 176 pages.
E. Balança. – **Photographier les animaux – Guide pratique**, 2e édition, 2009, 192 pages.
L. Berg. – **Photo de portrait**, 2009, 164 pages.
S. Dosda. – **Apprendre à photographier en noir et blanc**, 2009, 168 pages.
C. George. – **Flashs et photo numérique**, 2008, 160 pages.
G. Blondeau. – **Photographier la nature en macro – Guide pratique**, 2008, 208 pages.
B. Bodin, C. Bruno. – **Photographier la montagne – Guide pratique**, 2008, 166 pages.
C. Harnischmacher. – **Fabriquer ses accessoires d'éclairage photo**, 2007, 104 pages.
C. Lamotte, S. Zaniol. – **Photojournalisme – Guide pratique**, 2007, 200 pages.
T. Seray. – **Photographier la mer et la voile – Guide pratique**, 2007, 200 pages.
R. Bouillot. – **Le langage de l'image** (avec B. Martinez), 2006, 200 pages.
I. Guillen, A. Guillen. – **La photo numérique sous-marine – Guide pratique**, 2e édition, 2006, 194 pages + CD-Rom.
I. Guillen, A. Guillen. – **La photo numérique sous-marine – Guide expert**, 2005, 230 pages.
P. Bachelier. – **Noir & Blanc – De la prise de vue au tirage**, 3e édition, 2005, 232 pages.
H. Rossier. – **Éclairer pour la prise de vue**, 2005, 116 pages.

Appareils argentiques et numériques

M. Ferrier, C.-L. Tran. – **Découvrir le Nikon D3000**, 2009, 200 pages.
M. Ferrier, C.-L. Tran. – **Découvrir le Nikon D5000**, 2009, 200 pages.
M. Ferrier, C.-L. Tran. – **Découvrir le Nikon D90**, 2009, 200 pages.
M. Ferrier, C.-L. Tran. – **Découvrir le Canon EOS 1000D**, 2009, 168 pages.
A. Santini. – **Découvrir le Nikon D60**, 2009, 168 pages.
V. Luc. – **Maîtriser le Canon EOS 500D**, 2009, 320 pages.
V. Luc, M.-P. Albert. – **Maîtriser le Canon EOS 450D**, 2009, 320 pages.
V. Luc, M. Ferrier. – **Maîtriser le Nikon D300**, 2008, 432 pages.
V. Luc, B. Effosse. – **Maîtriser le Canon EOS 40D**, 2008, 340 pages.
V. Luc, B. Effosse. – **Maîtriser le Canon EOS 400D**, 2007, 328 pages.
V. Luc. – **Maîtriser le Nikon D80**, 2007, 340 pages.
V. Luc. – **Maîtriser le Nikon D200**, 2006, 352 pages.
V. Luc. – **Maîtriser le Nikon D50**, 2006, 316 pages.
V. Luc. – **Maîtriser le Canon EOS 350D**, 2006, 316 pages.
R. Bouillot. – **La pratique du reflex numérique**, 3e édition (à paraître).
J.-M. Sepulchre. – **Tout photographier en numérique**, 3e édition, 2008, 300 pages.
D. Schloss. – **Olympus E-510**, 2008, 132 pages.
P. Burian. – **Sony Alpha 700**, 2008, 200 pages.
P. Burian. – **Sony Alpha 100**, 2007, 212 pages.
P. Burian. – **Pentax K10D**, 2007, 220 pages.
J. D. Thomas. – **Le système flash Canon**, 2007, 132 pages.
J. D. Thomas. – **Le système flash Nikon**, 2007, 132 pages.

Gérer ses photos numériques

Trier ▪ Archiver ▪ Partager

Daniel Hennemand

EYROLLES

ÉDITIONS EYROLLES
61, bd Saint-Germain
75240 Paris Cedex 05
www.editions-eyrolles.com

Dédicace

À François Laforse, pour son amitié précieuse et son soutien sans bornes.

Remerciements

Je remercie David Attal et Hervé Pain, les compagnons numériques de l'atelier Fotodart,

Jean-François Camp, directeur du laboratoire photo professionnel Dupon,

Maxime Champion, photographe, journaliste et l'un des meilleurs experts du monde de la photographie,

Guillaume Cuvillier, rédacteur en chef du magazine *Le Photographe*,

Éric Delamarre, photographe et formateur, spécialiste du droit de l'image et du photographe,

Nathalie Doury, directrice de La Parisienne de Photographie,

Philippe Gstalder, directeur du laboratoire photo professionnel Appui,

Simone Mazer, directrice de Getty Images France,

Françoise Paviot, directrice de la galerie Françoise-Paviot,

Patrick Peccatte, informaticien, documentaliste et spécialiste des métadonnées de l'image,

Philippe Pons, photographe émérite du monde de l'entreprise durant 45 ans,

Shamir Ramjan, responsable de Flickr, Yahoo! France,

Jean-François Rauzier, créateur de magnifiques « hyper-photos », pour nous avoir autorisé à reproduire des éléments de la *Bibliothèque idéale*,

François Sauteron, ancien DRH de l'usine Kodak de Vincennes.

Merci également à Aude Decelle, des éditions Eyrolles, pour sa patience et son professionnalisme.

Sommaire

Préalable

On croit bien faire, maîtriser et pourtant... Avez-vous déjà discuté avec une blanchisseuse ? Vous devriez essayer. Elle vous expliquera que laver son linge à la main soi-même n'est pas une garantie de qualité, au contraire. En général, l'eau employée est trop chaude, on utilise trop de lessive et à frotter le linge « comme ça », on l'use prématurément. Cela s'appelle prêcher pour sa paroisse, mais il y a du vrai dans tout ceci.

Revenons à nos images. Nous pensons préserver notre patrimoine en le gardant près de nous, en copiant nous-même nos fichiers, selon nos méthodes, sur nos disques durs que chaque jour nous surveillons. Nous nous méfions des prestataires qui veulent gérer nos fichiers à notre place. Qu'en est-il en réalité ? Qui peut assurer un processus fiable réalisé infailliblement à dates fixes, avec des sauvegardes multipoints ? Le particulier ou le professionnel ? Il faut parfois savoir déléguer en comprenant et en maîtrisant le processus. À partir de là, nous pourrons nous appuyer sur des partenaires pour les phases de sauvegarde et de diffusion.

Ce guide se propose de vous aider à mieux organiser vos images numériques et à les préserver, mais aussi à valoriser votre travail vis-à-vis des tiers, par l'application de méthodes simples. Nous rechercherons ensemble des solutions, des outils ou des services, dans l'offre sans cesse croissante du marché grand public ou professionnel. Nous parlerons de méthodes, car la diversité de ces moyens pour la retouche, l'hébergement et le partage des images, ne doit pas vous faire oublier un certain nombre de règles déjà établies et mises en pratique depuis longtemps dans les agences de presse, les photothèques d'entreprises et les départements spécialisés des institutions, ceci bien avant l'ère du numérique.

Pour donner libre cours à votre création, sans craindre de perdre des informations, vous devez protéger votre production contre les différentes agressions physiques ou informatiques. Vous devez aussi maîtriser le regard d'autrui sur votre travail par la compréhension et le contrôle des moyens de diffusion et de partage électroniques. En exposant, en vous exposant, et en partageant vos images avec des communautés diverses, vous avez à préserver vos droits. À l'inverse, vous devez préserver ceux des autres : les personnes représentées, les créateurs cités, architectes, designers, etc. Certaines solutions simples vous apporteront un minimum de garantie et de sérénité, tant il est vrai que la publication sur la toile peut être à la fois une nécessité mais aussi un vrai sujet d'inquiétude pour beaucoup.

Nous évoquerons donc les sujets suivants.

- L'organisation de vos fichiers dès leur création par la prise de vue, la numérisation ou l'importation de fichiers sélectionnés sur le Web.
- La sélection, dès le départ pour ne pas être noyé dans des milliers d'images, afin de montrer le meilleur de vos réalisations.
- L'identification des images, l'ajout de commentaires pour assurer leur compréhension par vos proches ou par la communauté avec qui vous voulez partager votre enthousiasme.

- La sécurité, par la prise de conscience de l'importance des sauvegardes pour pérenniser vos images, sous peine de tomber dans les oubliettes de l'histoire.
- La découverte d'un certain nombre d'outils d'organisation et de partage, très utiles à la bonne gestion de vos images. Nous chercherons à comprendre leurs performances et leurs limites, en gardant à l'esprit l'importance de maîtriser avant tout vos images, mais aussi votre image.

Nous avons rencontré un certain nombre d'acteurs renommés dans le milieu de la photographie professionnelle, pour tenter de comprendre l'évolution des métiers de la photographie. Lire le récit de leur expérience et la présentation de leur savoir-faire vous donnera certaines idées sur la manière de considérer votre travail et les différentes méthodes pour bien l'exploiter.

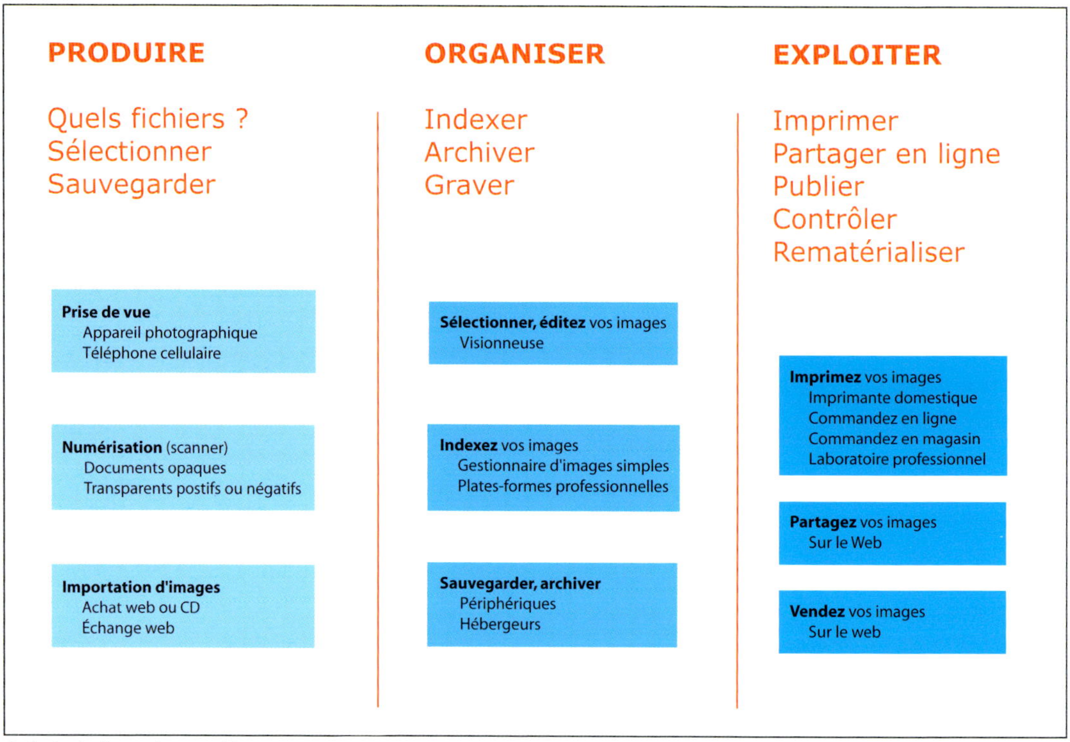

Cycle de vie de vos photographies.

Avertissement

Nous partons du principe que le lecteur est aguerri au maniement de l'ordinateur, à la navigation sur Internet et que l'achat en ligne n'est pas un tabou pour lui... tout en sachant que ce n'est pas si simple, certains pouvant avoir des réticences à posséder une Carte Bleue et à l'utiliser sur Internet, à posséder un ordinateur ou à saisir un texte sur un clavier, mais nous ferons « comme si » !

Les conseils énoncés dans cet ouvrage s'efforcent le plus possible d'être indépendants des outils et logiciels actuellement disponibles, car il nous semble que la méthode est plus importante que tous les choix techniques en vogue. Les équipements et les solutions évoluent, disparaissent parfois, en nous laissant sur le bas-côté. Votre production doit survivre aux offres commerciales rapidement dépassées. Des outils sont cités à titre d'exemple, mais il ne s'agit pas nécessairement de la meilleure solution pour tous ; à chacun de voir selon ses propres besoins. Nous emploierons par ailleurs le terme de « production » pour englober la somme de vos actions de prise de vue, de sélection, d'indexation et de communication ou d'exposition.

Le coût de la mémoire informatique diminue chaque jour. Nous préférerons par conséquent prôner la conservation de tous vos fichiers et des sauvegardes fréquentes, sans tenir compte d'éventuelles économies de volume, qui deviennent superflues et engendrent prises de risques et pertes de temps.

Vous trouverez, dans le corps ou à la fin de chaque chapitre, un choix de produits ou de services. Ces références évoluent bien sûr car c'est un marché dynamique en pleine mutation. Vous pouvez vous tenir informé des dernières évolutions en consultant le lien disponible sur la page Répertoire professionnel de mon site Photogestion (www.photogestion.com/annuaire_photo.veille). Les métadonnées « titre », « description » et « keywords » sont publiées, dans la mesure du possible, car elles sont révélatrices d'un esprit et d'un positionnement souvent dépouillés du discours marketing. Nous indiquons certains prestataires dont le positionnement est typiquement professionnel car il nous semble enrichissant d'étudier le discours de ces acteurs du marché traitant de notre thématique.

Nous emploierons parfois des mots complexes, peu en rapport avec la belle image ! Nous parlerons de « l'indexation des fichiers contenant des métadonnées », pratique nécessaire pour garantir la bonne exploitation de vos images. Mais après tout, l'argentique avait son lot de mots barbares, souvenons-nous : Ektas, émulsion, chromogène, bain de blanchiment ou effet Schwarzschild...

Les deux termes suivants seront souvent évoqués.

- « Fonds » : mot employé en documentation pour évoquer un ensemble représentant un capital de ressources. Plus simplement, nous pouvons aussi parler de « collection » ou de « photothèque ».
- « Champ documentaire » : rubrique d'information destinée à renseigner sur une partie de la signification d'un document. Sa forme est soit libre, soit formatée : date, liste de mots-clefs, champ à valeurs multiples ou multi-évalué, etc.

Enfin, les adresses Internet citées dans ce livre ne comportent pas les indispensables premiers caractères « http:// », ceci pour des raisons de lisibilité.

Produire

*L'équipement en appareil numérique a décuplé votre production.
Vous avez certainement pour ambition de préserver une partie de vos images argentiques, vos archives personnelles et vos albums de famille. Faisons le point sur les différents types de fichiers issus de la prise de vue et de la numérisation et sur la nécessité de bien les sélectionner.*

Façade en pointe de diamant de l'église du Gesù Nuovo, Naples, Italie.

1 Produire une image numérique

Depuis dix ans, les caractéristiques des fichiers produits par vos appareils numériques ont beaucoup évolué : il s'agit de produire des images de la meilleure qualité possible, d'un poids élevé pour garantir une exploitation maximale.

En termes de volume, la profusion de fichiers s'explique par les conditions de prise de vue. L'enthousiasme, la facilité de déclencher, la peur de rater un instant ou de mal évaluer techniquement la prise, les boîtiers de plus en plus « généreux », tout cela aboutit à des disques durs prêts à exploser et à des piles de CD-Rom dans nos tiroirs.

Nos fichiers images sont aujourd'hui de trois types :

- issus des boîtiers, ils génèrent des fichiers lourds ou même des séquences vidéo ;
- produits par les scanners pour documents opaques ou transparents ;
- « importés » ; ce n'est alors pas à proprement parler de la production : vous récupérez une image sur le Web, vous la transformez avec l'accord de l'auteur et la réemployez. Vous avez par conséquent à la sauvegarder sur votre ordinateur.

Les fichiers issus de la prise de vue

Si la technique progresse, les noms de fichiers, pas du tout... tandis que le poids des fichiers augmente ! Selon les boîtiers utilisés, vous produisez des fichiers de types RAW, TIF ou JPEG. Voici, à titre d'exemple, une synthèse de l'évolution de mon équipement numérique et la production qui en ressort.

Évolution de la forme des fichiers.

Année	Boîtier	Dimensions de l'image (pixels)	Poids du fichier JPEG ouvert (Mo)	Poids du fichier sur le disque (Mo)	Nom « constructeur » du fichier*
1997	Polaroid	1 600 × 1 200	5,49	(Pas d'information)	(Pas d'information)
1999	Nikon CoolPix 950	1 600 × 1 200	5,5	0,8	DSCN0001.JPG
2001	Nikon D1	2 000 × 1 312	7,5	1,1	DSC_0072.JPG
2009	Canon G9	4 000 × 3 000	34,3	6,8	IMG_2160.JPG
2009	Nikon D3	2 832 × 4 256	34,3	6,8	DSC_0020.JPG

* Cette colonne montre l'absence de standard dans les règles de nommage.

Les fichiers RAW

Ce format de fichier est choisi par les photographes désirant retravailler leurs images en post-production. Ces interventions peuvent être comparées à celles pratiquées avec l'argentique qui permettait d'influencer le résultat en modifiant certains paramètres au développement ou au tirage. Il repoussait ainsi les limites du possible, du « chimiquement standard ».

Une étape de post-production est donc nécessaire avec les fichiers RAW, pour personnaliser l'image d'une part et d'autre part, parce que ce format n'est pas directement exploitable. Citons deux programmes sophistiqués dédiés au « développement » de vos fichiers, mais également à leur organisation : Lightroom d'Adobe (≈ 300 € TCC) et Aperture d'Apple (≈ 200 € TTC).

Ce traitement aboutit à l'enregistrement d'un fichier exploitable par la chaîne graphique, au format PSD par exemple. Ce format d'Adobe Photoshop permet de conserver les différents éléments constituant l'image : calques, masques, tracés de détourage, etc., qu'il serait dommage de supprimer si vous voulez vous donner la possibilité de revenir sur cette production. Souvent, vous aurez intérêt à enregistrer dans la foulée, un JPEG « d'intention », fichier qui servira de référence pour la validation par un client, pour le tireur ou pour vous-même lors de l'exploitation de l'image.

D'une manière générale, archiver les étapes successives de modification ou de correction est plutôt bénéfique pour la création. Comme il est enrichissant de revenir sur un négatif et de réaliser un nouveau tirage différent du premier, la conservation des fichiers de travail ou du RAW original permet, après réflexion, de nouveaux essais enrichissants. Conservons donc le maximum d'étapes, à condition qu'elles soient minutieusement classées (voir ci-après).

Attention, le mode d'enregistrement RAW n'est pas un standard et sa définition reste encore l'apanage de chaque constructeur, même si l'éditeur Adobe tente de réunir ces formats dans un « consensus » numérique avec le format DNG. C'est une belle idée, mais pas un standard, non plus. Il faut donc observer l'évolution « des » RAW dans les mois ou années à venir.

Les fichiers TIFF

C'est un mode d'enregistrement non compressé, donc non dégradant, qui était recommandé pour la conservation des archives. Une des options de compression disponibles, appelée « LZW », ne change pas cette caractéristique. Le déploiement du RAW n'y change pas grand-chose car un fichier relativement standardisé doit être conservé pour pouvoir être lu dans le futur – ce qui n'est à mon sens pas garanti pour le RAW, dans l'état actuel des choses.

Les fichiers JPEG

Le format JPEG est un peu comme le MP3 : tout le monde le critique, mais chacun l'utilise ! Avec des processus bien sûr différents dans les deux cas, l'enregistrement est dégradé par la suppression de données pour « gagner de la place » avec un rapport plus ou moins important. Beaucoup de reporters « shootent » en JPEG, retouchent en PSD, livrent leur travail en TIFF et archivent en JPEG. En fait, le JPEG est un standard universel utilisable par tous de la prise de vue à la production et il est bien difficile de s'en écarter.

Quelles étapes faut-il sauvegarder ?

Selon le type de fichier produit lors de la prise de vue, vous devez établir une règle d'enregistrement des différentes étapes et du processus de sauvegarde. Si vos images sont réalisées en TIFF ou en JPEG et que vous souhaitez réaliser quelques recadrages ou retouches, enregistrez l'image finale au format TIFF ou PSD, surtout si vous avez créé différents calques ou masques. En JPEG en effet, les informations considérées comme redondantes seraient supprimées et les étapes intermédiaires de votre travail seraient perdues.

Attention à ne pas écraser le fichier de l'étape précédente si celui-ci est au même format et porte le même nom ! Évidemment, à chacun sa méthode, le tout étant de s'organiser clairement en conservant une logique de non-dégradation d'une étape à la suivante.

Archiver chaque étape importante.

<table>
<tr><th>Prise de vue</th><th>Développement</th><th>Retouche</th><th>Archivage</th><th>Diffusion web</th><th>Diffusion éditeur</th></tr>
<tr><td>RAW</td><td>PSD</td><td rowspan="3">PSD/TIFF</td><td>RAW, PSD, TIFF</td><td rowspan="3">JPEG</td><td>TIFF</td></tr>
<tr><td>TIFF</td><td>-</td><td>PSD/TIFF</td><td>TIFF</td></tr>
<tr><td>JPEG</td><td>-</td><td>JPEG/PSD/TIFF</td><td>TIFF/JPEG</td></tr>
</table>

Si vous avez à livrer un fichier à une agence ou un commanditaire, évitez de trop travailler dessus. À moins d'être un expert en retouche, il est en effet souvent préférable de limiter les interventions sur un fichier sous peine de le dégrader irrémédiablement pour une exploitation professionnelle. Sachez donc réfréner vos ardeurs créatives car leurs conséquences négatives risquent d'être plus importantes que ce qu'une simple visualisation à l'écran ne laisserait supposer...

Les fichiers issus de la numérisation

Nous devons voir les fichiers de numérisation comme des originaux sélectionnés, car nous revenons rarement aux autres originaux, noyés dans le nombre. Nous numérisons des sélections provenant de collections de famille – ce qui représente beaucoup d'images –, ou issues de notre production de négatifs ou de diapositives faites sur des années – des milliers d'Ektas ! Un tri doit donc être fait. Pour aborder une telle opération, trois paramètres doivent être maîtrisés.

- La qualité du choix des images retenues.
- La qualité technique de la numérisation.
- L'indexation des fichiers. Il faut en effet être capable de transcrire et transmettre une légende présente sur la page d'un album. Avant d'isoler une image, il faut comprendre son sens révélé par la série entière, l'avant et l'après.

Numériser un document, c'est prendre en compte son contexte matériel et historique. L'état, la fragilité, mais aussi la possibilité de collecter des informations donnant du sens à l'image, auprès des auteurs ou des acteurs présents sur l'image.

Un budget pour sous-traiter ?

Si vous avez à traiter une grande quantité de documents opaques et si vous pouvez débloquer quelque budget pour cette opération, étudiez les tarifs pratiqués par les prestataires. Ils sont devenus relativement accessibles avec des résultats de bonne qualité et vous permettent de traiter la totalité d'une collection tout en vous consacrant aux tâches plus valorisantes de retouches et de création. En effet, même si le prix des scanners est aujourd'hui abordable, réaliser des fichiers opérationnels et « imprimables » nécessite un savoir-faire qu'il ne faut pas sous-estimer. L'acquérir est indispensable et nécessite un investissement (voir plus loin quelques conseils pour numériser soi-même ses fichiers).

Faire appel à un sous-traitant permet aussi de numériser une série entière. Le traitement par séries vous apporte ainsi la sécurité de sauvegarde et la possibilité de visualiser en masse à l'écran vos anciennes productions.

Ceci est affaire de budget néanmoins et il ne faut pas hésiter à solliciter les laboratoires pour estimer le coût de telles opérations et tester la qualité des prestations. Certains tarifs vous paraîtront prohibitifs mais ils sont généralement liés à la qualité des scans et, pour la tranche supérieure, à des compétences en matière de manipulation, de respect des originaux et d'intervention en termes de retouche. Votre choix dépendra surtout des types de documents que vous avez à numériser : films 135, diapositives ou négatifs couleur ou plaques de verre précieuses.

Les laboratoires photographiques professionnels font également des offres qu'il est intéressant de consulter (voir la liste proposée dans le chapitre « Imprimer ses images », p. 107).

Sélection de prestataires pour la numérisation.

Entreprise	Positionnement	Coordonnées	Indications tarifaires (par document)
Azentis www.azentis.com	Entreprises	155, rue Docteur-Bauer, 93400 Saint-Ouen Contact : contact@azentis.com Tél. : 01 40 10 24 14	N. c.
Jouve www.jouve.fr	Entreprises	11, bd de Sébastopol, CS70004, 75036 Paris Cedex 01 Tél. : 01 44 76 54 40	N. c.
Numerisationphotos www.numerisationphotos.fr	Grand public	27, rue Ledru Rollin, 94200 Ivry-sur-Seine Tél. : 09 50 10 40 45	Diapositive en 2 800 × 4 200 pixels JPEG : 0,240 € TIFF : 0,270 €
Numerisations www.numerisations.com	Grand public	16, rue George-Sand, 51420 Witry-lès-Reims Tél. : 03 26 61 29 54	Diapositive : 0,24 €
Tribvn www.tribvn.com	Entreprises, patrimoine, médical, haut de gamme	39, rue Louveau, 92320 Châtillon Contact : info@tribvn.com Tél. : 01 55 58 05 20	N. c.
VidéoForEver www.videoforever.com www.photoforever.com www.videoforever-corporate.com	Grand public	69, bd de Sébastopol, 75002 Paris Contact : info@photoforever.com Tél. : 01 72 76 18 58	Diapositive : 0,19 €

Numériser soi-même

Dans le cas de la numérisation de séries, je vous conseille de réaliser ce que les spécialistes nomment un « plan de numérisation ». Vous pouvez ainsi établir une liste des documents à numériser, avec un minimum d'informations (ce qui est inscrit au dos du tirage, par exemple), de manière à simplifier ensuite la saisie de métadonnées dans vos fichiers en assurant une correspondance entre le document et le nom du fichier de scan. Je ne suis pas certain que la saisie de noms de fichiers « signifiants » soit très pratique lorsque vous traitez plusieurs centaines de documents.

Documents opaques

Prenez un instant pour réfléchir à l'objectif à atteindre :

- permettre la simple visualisation à l'écran ; dans ce cas, la résolution nécessaire est de 72 dpi ;
- réaliser une numérisation « de sécurité » pour pouvoir, en cas de perte, remplacer l'original sans perte de qualité ;
- diffuser des copies de qualité ; vous devez alors vous poser la question de la quantité d'informations nécessaires à la réalisation de ces copies – résolution de la numérisation et rapport d'agrandissement –, selon les performances du périphérique, de l'appareil et du logiciel utilisés.

Dans ce cas, si le fichier est destiné à être exploité dans une chaîne arts graphiques traditionnelle, dite « offset », un fichier d'un poids de 24 Mo est nécessaire pour imprimer un visuel au format A4, soit 21 × 29,7 cm (voir le tableau de numérisation dans l'interview de Nathalie Doury, directrice de La Parisienne de Photographie, p. 24). Aujourd'hui, si vous commandez des tirages à la Fnac, pour les mêmes dimensions, il vous sera réclamé un fichier de 9 Mo ! Mieux vaut prévoir cependant une exploitation « maximale » et conserver les références classiques de l'offset : A4 = 24 Mo, en trois couleurs, ce qui est le cas pour les fichiers de prise de vue.

Il est troublant de constater l'étonnement produit par l'examen d'un agrandissement pour ceux qui n'ont connu qu'un petit tirage. Les anciens redécouvrent leur monde agrandi. Deux pompiers s'amusent à la Libération de Paris, mon père est au sommet !

Avant de numériser, prenez la précaution d'insérer une feuille noire entre le tirage et le dos du scanner, cela vous permettra d'éviter les effets de transparence et d'obtenir des bords bien nets. Ceci est intéressant lorsque vous avez des tirages anciens aux bords dentelés. Ce style, plein de poésie est, à mon sens, à préserver.

Pour des documents imprimés, votre périphérique est certainement paramétrable pour « gommer » à la saisie les points dus à la trame d'impression. Si vous avez le temps, vous pouvez comparer la différence de résultats entre le détramage lors du scan et le traitement sous Photoshop. Le premier me semble suffisant et vous fera économiser beaucoup de temps.

Si l'on tient compte des différentes interventions que l'on est amené à faire sur ses images numérisées, il est prudent de choisir une résolution double de celle choisie pour le document final (300 dpi, voir l'encadré ci-après). Un tirage peut donc être numérisé à 100 % (taille réelle) avec une résolution de 600 dpi. Enfin, si vous détenez le négatif et le tirage d'une image, vous pouvez hésiter à traiter l'un ou l'autre des deux documents. Il n'y a pas de réponse tranchée à cette question. Si votre tirage a une valeur artistique dans le sens où la retouche vous semble précieuse, il faut numériser le tirage ; si ce n'est pas le cas, le traitement en masse des négatifs est plus rationnel (voir l'encadré sur le problème de traitement de collections anciennes, « L'œuvre : l'épreuve ou le négatif ? », p. 12).

Pourquoi faut-il une résolution de 300 dpi pour imprimer une image ?

La technique de l'offset ne permet pas l'impression d'aplats. Il faut donc transformer les zones continues en séries de points plus ou moins grands. La trame standard de points utilisée en offset est de 150 dpi, mais peut être de 170 et plus pour certains ouvrages d'art. En tenant compte de cette valeur, et pour masquer ses effets, on a pour habitude de fournir des documents ayant une résolution du double, c'est-à-dire de 300 dpi.

Documents transparents

Après avoir pris soin de nettoyer correctement la vitre de votre scanner, vous devez prendre en compte les facteurs suivants.

- Les dimensions de l'original : une diapositive 24 × 36 sera plus délicate à numériser qu'une plaque de verre 18 × 24 cm, sauf si celle-ci est fragilisée. En fonction de ces dimensions, on doit décider d'une résolution et d'un rapport d'agrandissement.
- L'exploitation prévue : pour un simple tirage 13 × 18 ou un agrandissement taille poster, vous n'aurez pas besoin de la même résolution et obtiendrez donc un fichier de taille plus ou moins grande.
- L'état initial : les documents peuvent présenter des rayures, comporter des poussières ou leur surface peut être bombée (on appelle cela le « gaufrage »). Les diapositives sont nettoyées par les laboratoires au Fréon liquide, mais je ne suis pas certain que cela soit à la portée de tous ! Peut-être est-il parfois plus simple de numériser un document dégradé, puis de réaliser ensuite une retouche « restauratrice ».

Pour un original de petites dimensions, et dans l'optique d'une retouche du fichier à l'écran, vous avez trois paramètres à régler :

- une résolution maximale qui vous permettra de travailler confortablement sur des détails, par exemple 4 000 dpi ;
- le rapport d'agrandissement, pour les mêmes causes (attention toutefois à ne pas générer des fichiers trop volumineux) ;
- la profondeur d'analyse (8 ou 16 bits par couleur), selon votre volonté à maîtriser des fichiers 16 bits en retouche sous Photoshop, par exemple ; attention, tous les logiciels n'acceptent pas ce type de fichier.

Ainsi, par exemple, pour un document 24 × 36, vous obtiendrez un fichier d'environ 74 Mo avec les réglages suivants : résolution de 4 800 dpi avec un taux d'agrandissement de 100 % en 8 bits par couleur.

Physiquement, le traitement des diapositives est délicat à réaliser, car la plupart du temps, elles sont montées sous cache et vous obtiendrez une image tronquée. Vous avez intérêt à démonter le cache pour sortir l'émulsion et la placer directement sur le verre du scanner. Cet effet est gênant avec certains caches en carton où les bords sont arrondis et laissent souvent dépasser des « moustaches » en fibre de papier. Il faut démonter avant la numérisation ou recadrer au moment de la retouche. Les caches avec verre de protection sont également à éviter car ils perturbent la mise au point. Ils créent par ailleurs de la diffusion car les verres ont souvent une face non lisse et ne sont pas toujours très propres.

L'émulsion est souvent gaufrée, attention à la mise au point automatique des scanners ; testez une mise au point manuelle, si elle existe.

La présence de poussières peut être corrigée facilement si votre périphérique est pourvu d'un logiciel «magique» tel que Ice, qui va les effacer lors de l'analyse. En contrepartie, vous constaterez parfois une «mollesse» de l'image ou une perte de contraste; des essais seront utiles pour trouver le bon compromis. Vous aurez souvent à faire un choix entre une meilleure qualité d'image avec des traces de poussières à retoucher manuellement, ou un fichier à renforcer en contraste ou netteté, lors de cette phase de retouche. Attention, si vous avez à traiter des diapositives en film Kodachrome, l'emploi de ce logiciel risque d'être décevant. En effet, le système de détection des poussières peut être perturbé par les variations d'épaisseur de la couche de l'émulsion. Désactivez cette fonction dans ce cas.

L'œuvre: l'épreuve ou le négatif?

Prenons comme exemple les fonds photographiques gérés par la ville de Paris, constitués d'objets de différents types:

- négatifs originaux sur plaque de verre ou sur films souples;
- tirages, positifs opaques, copies issues de négatifs, ou originaux comme les daguerréotypes;
- épreuves positives transparentes, soit originales comme certains autochromes, soit des copies comme les diapositives de la Commission du Vieux Paris, réalisées pour la projection.

Le négatif représente l'information originale (sauf s'il s'agit de contre-type d'un négatif de première génération). Objectivement, cet enregistrement initial est le plus précis. L'épreuve, qu'elle soit positive transparente ou opaque, est un document de seconde génération. Elle ne transmet pas la totalité des données originales: on constate une déperdition plus ou moins importante. Cette épreuve est réalisée soit par le photographe, soit par un opérateur dirigé par lui ou encore, ultérieurement, en toute indépendance de l'auteur peut-être disparu.

On imagine l'indispensable travail de réflexion fondé sur une culture personnelle et la connaissance du style de l'auteur pour réaliser un tirage, une transposition aussi fidèle que possible à son esprit (parfois aidé des ayants droit). Cette opération de tirage finalise l'œuvre. L'apport créatif peut y être important, au niveau du cadrage comme au niveau de la maîtrise de l'insolemment de la surface photosensible (sur/sous-exposition, maquillage pour «faire monter les blancs»...). Ainsi, par exemple, les planches-contact de Robert Doisneau révèlent un travail systématique de recadrage des négatifs carrés 6 × 6 et les images sélectionnées par le directeur artistique d'une revue de mode voient souvent leur cadrage se plier aux nécessités de la mise en page. Alexey Brodovitch ne recadrait-il pas les images d'Henri Cartier-Bresson pour *Harper's Bazar!*

En résumé, il y a une nécessaire confrontation à observer entre l'objectivité et l'exhaustivité des données inscrites sur la surface d'un négatif et l'apport artistique de l'interprétation du tirage. Les recadrages des éditeurs peuvent également apporter des informations essentielles sur l'interprétation et la transformation des œuvres; image connue, image réelle.

Revenons au processus de traitement numérique: dans le cas où les deux types de documents existent, négatif et épreuve, que faut-il numériser? Une réponse facile serait de traiter les deux états, les trois même. On peut citer en exemple les tirages de Charles Marville (XIXe siècle), suivis de ceux réalisés au début du siècle dernier par Charles Emonts et ceux des années 1950, enfin, réalisés par Albert Seeberger pour le compte de la Bibliothèque administrative. Des considérations budgétaires trancheront sûrement. Néanmoins, on ne devra pas faire l'économie d'une réflexion préalable au traitement de ces œuvres.

Affichage sur le Palais Brongniart. Le laboratoire Appui a dû réaliser des fichiers de 600 Mo, avec une résolution de 50 à 70 dpi. Photo Philippe Gstalder/Appui-Image, www.appui-image.com.

Des fichiers de plus en plus imposants

Nous avons vu que les boîtiers généraient des fichiers de plus en plus lourds, mais les exigences de la communication moderne poussent au gigantisme. Autant de fichiers bien encombrants à sauvegarder...

Les merveilleuses images composées géantes de Jean-François Rauzier, consultables sur le site de l'auteur (www.rauzier-hyperphoto.com, onglet Galeries, chapitre Cités idéales) en constituent un autre témoignage : « Je travaille avec Photoshop, seul logiciel à ma connaissance capable de gérer de tels poids de fichiers et des images dépassant les 3,5 milliards de pixels. Le poids d'une image terminée est de 40 Go. »

Prise de vue avec un Hasseblad HD3, capteur Imacon 32 Mpix, 3 × 4,5 cm. Une image géante est constituée de 200 à 1 600 clichés juxtaposés dont quelques-uns sont visibles ici.

Être photographe aujourd'hui

Le photographe amateur est souvent un émotif enthousiaste au comportement subjectif, tandis que le professionnel est un traducteur de concepts, un témoin objectif ou critique de situations ou d'événements, un révélateur, un pédagogue, un « magnifieur »... En fait, c'est avant tout un créateur mettant à profit ses connaissances : savoir élaborer et réaliser une image, mettre à profit sa culture des arts visuels et maîtriser les équipements employés.

Spontanément, ou sur commande, le créateur instille un sens, met en place des éléments graphiques, des êtres animés, construit des rapports entre eux et maîtrise l'espace, le temps, les formes, les textures, les couleurs... C'est une tentative d'écriture totale, dans un espace et un cadre limité, à un temps donné.

Mais l'industrialisation de la fabrication des matériels amène la miniaturisation, la baisse des coûts et la banalisation des processus. Ainsi, les équipements actuels valorisent-ils moins les savoir-faire spécifiques. Chacun peut exprimer ses sentiments, fixer une réalité ou tout simplement exister en créant un objet fait de formes, de textures et de couleurs, ceci sans avoir réellement appris le langage de l'image.

Cette alchimie sur laquelle reposait depuis un siècle et demi le langage photographique est-elle remplacée par cette monumentale improvisation de l'image et cette production pharaonique ? La grammaire de l'image serait-elle jetée aux oubliettes ? Le langage a-t-il suffisamment imprégné la société pour que chacun sache maîtriser l'image ?

Chacun maîtrise ce que seul, après plusieurs années de formation et d'expérience, le professionnel savait exploiter. La profusion apporte-t-elle une certaine qualité finalement ? Une image parmi un million remplit-elle les critères imposés par les professionnels ?

Sans être catégorique, nous posons ces questions, car les trois milliards d'images d'un seul site communautaire semblent intéresser les professionnels de l'édition et de la presse. La plus grande agence d'illustration examine ce fonds, sélectionne et fait la promotion de cette source sur son site. L'AFP devient actionnaire d'une agence pour amateurs et parle de « journalisme citoyen » ! L'image n'est-elle plus précieuse ? On parle de plus en plus de fichiers et de moins en moins d'images. La photographie devient une empreinte systématique et omniprésente.

Nous devons prendre garde à trop banaliser notre créativité : prenons le temps de regarder nos images, une à une, extrayons le meilleur d'une série, le meilleur de nous-même à l'instant de la prise de vue, comme à celui de la sélection et considérons que notre travail vaut la peine d'être partagé et sauvegardé. Quant au statut de professionnel, essayons de le ménager et prenons leurs créations comme enseignement.

Interview : Philippe Pons

Photographe émérite et acteur de la communication visuelle des entreprises.

Philippe Pons a été durant plusieurs décennies un grand faiseur d'images pour l'entreprise. Il a vécu une époque faste où, en étant perfectionniste et créatif, il a pu séduire ses clients ayant alors une grande latitude de décision dans la gestion de leurs projets. L'histoire des techniques et de l'évolution de la demande des entreprises est passionnante ; en témoigne cet extrait d'interview commentant l'évolution sur 45 ans des styles et des techniques de prise de vue au service des entreprises.

Après des années de pratique, comment avez-vous abordé l'ère numérique ?

Je me suis intéressé au numérique dès sa sortie. C'était magique d'essayer. Fuji avait sortit un boîtier qui produisait une image basse définition, sans écran de contrôle. Puis, on s'est mis sur les listes d'attente pour pouvoir acheter un Nikon D1. Il y avait des problèmes de poussières. C'était plus pour le manipuler que pour produire et on l'a revendu au bout d'un an quand il avait encore un peu de valeur.

Ensuite, j'ai acheté un Nikon Coolpix, avec un viseur basculable et des optiques complémentaires. Cela m'a permis de m'introduire dans des lieux sans être remarqué. C'est comme cela que j'ai pu réaliser un reportage pour le rapport annuel d'Ariane Espace en Guyane. Là encore, cela a scandalisé les photographes sur place qui trouvaient cet équipement non professionnel. C'était plus un reportage sur les hommes que sur le site. J'ai pu travailler les ambiances, trouver des angles. Pour des formats 13 × 18 cm maximum, la résolution était suffisante. J'ai pu accéder à la salle de contrôle Jupiter, alors que les autres photographes étaient derrière la vitre. J'ai pu réaliser le portrait des ingénieurs pendant le lancement.

Parlez-nous de l'époque où les agences d'illustration ont commencé à concurrencer les photographes...

C'est une époque où ces photothèques sont devenues des redoutables concurrentes en proposant aux clients des images « toutes faites ». Face aux restrictions budgétaires, les agences ne voulaient prendre aucun risque et choisissaient des images un peu oniriques, des images d'illustration ; là où le message passe, la photo est déjà validée.

Les images génériques ont remporté un grand succès, bien que sans rapport avec l'entreprise elle-même, elles illustraient des messages, sans poser de problèmes. On retrouvait souvent Arthus-Bertrand dans cet esprit, car il avait beaucoup d'images en photothèque. Un labyrinthe, par exemple, pouvait illustrer beaucoup de concepts dans l'entreprise. Images toutes faites, bien faites, pour des entreprises qui n'ont pas toujours de beaux locaux avec des collaborateurs qui n'ont pas toujours le look. C'était plus facile d'acheter une image déjà faite que de la produire.

Quelles sont les causes de cette évolution ?

Il y en a plusieurs. D'abord l'inflation d'images d'illustration. Et puis un certain manque de compétence des communicants dans l'entreprise. Ils sont là de passage pour faire carrière. Avant, les collaborateurs pouvaient rester vingt ans à la communication. Aujourd'hui, il y a un roulement de jeunes qui ne connaissent pas bien l'entreprise et qui ne veulent pas prendre de risque. Enfin, les coûts étaient moindres évidemment à acheter une image toute faite et sans prise de risque.

Moi, je n'étais pas équipé pour répondre à ce besoin. C'était réservé aux grands professionnels de la production qui pouvaient gérer le casting, le stylisme, les lieux... C'était un autre métier de production d'images qui s'est monté en parallèle du nôtre.

Quand avez-vous décidé de travailler uniquement en numérique ?

En 2002, j'ai basculé totalement vers le numérique. Cela m'a libéré définitivement des problèmes d'émulsions qui n'étaient pas très performantes en tungstène, mais aussi des problèmes de développement. Avec une formation Photoshop assurée par un photograveur, j'ai appris les possibilités offertes par ce logiciel, mais ma position a été de me cantonner à la livraison du fichier trois couleurs. Au début, j'ai travaillé en JPEG, puis j'ai appris à travailler en RAW.

Puis, lorsque les affaires ont été moins florissantes, je me suis intéressé à la gestion de photothèques. Dans les petites entreprises où il n'y avait personne pour cela, j'ai proposé des solutions pour organiser les images. Au début, j'ai conseillé très souvent ACDSee pour gérer un petit nombre d'images, de 100 à 150. Progressivement, j'ai appris à bien gérer les métadonnées avec Lightroom ou Bridge.

En termes de prestations, les choses n'ont pas tellement changé par rapport au passé où nous facturions toujours des prestations et des frais techniques, développement, éclairagistes, etc. En numérique, les frais techniques sont restés les mêmes. J'expliquais au client que le numérique nous faisait passer plus de temps. En revanche, cela présentait pour lui l'avantage de supprimer les frais de duplication ; cette idée de frais techniques n'a donc pas été contestée. On s'apercevait que là où il fallait deux heures pour traiter une chaîne argentique, avec le numérique, entre le développement et la réalisation des différents fichiers, il fallait plus de temps. Mais je prends plaisir à faire cela, comme il y avait du plaisir à travailler la lumière.

Aujourd'hui, je travaille le RAW à la place du labo, mais les labo, il n'y en a plus ! J'ai appris, je me suis amélioré et lorsque je rouvre un fichier travaillé il y a plusieurs années, j'obtiens aujourd'hui de meilleurs résultats. Pour moi Photoshop, ce n'est pas un outil de retouche, c'est un outil de développement : je ne retouche pas, je finalise mes intentions de lumières.

Quels types de fichiers livrez-vous à vos clients ?

Lorsqu'on livre beaucoup d'images à un client, il n'a pas le temps de tout regarder ; de plus, il utilise un mauvais écran et un ordinateur lent. Très vite, j'ai donc réalisé des best-of de nos photos. Le client nous était reconnaissant de cette préparation et souvent n'ouvrait même pas les autres dossiers. Mais cette sélection appréciée, c'est encore du temps pour nous.

Quand je travaille des RAW, je pense qu'il faut les livrer en TIFF avec une compression non destructive ; d'autres livrent des JPEG, qualité 10. Mon fichier livré « pèse » autour de 20 Mo et je l'accompagne d'un JPEG léger pour un écran 600 × 800.

Selon moi, une production livrable comprend quatre dossiers :

- best-of au format TIFF ;
- best-of au format JPEG « pour Internet » ;
- intégralité du reportage au format TIFF ;
- intégralité du reportage au format JPEG.

À l'époque de l'argentique, les clients commandaient des duplis et cela revenait très cher. La dupli en « qualité projection » valait 8 à 10 francs pièce alors que l'Ekta « qualité arts graphiques » était à 350 francs. Conséquence : on voyait des duplis « qualité projection » utilisées en impression, ce qui donnait de mauvais résultats. En plus, les clients avaient du mal à identifier l'original, et puis il y avait les éternels problèmes de rayures... En numérique, c'est toujours la haute définition qui est exploitée. Le numérique a permis la livraison d'un meilleur fichier. Malheureusement, on est parfois amené à transmettre par Internet des JPEG en qualité 10.

2 Sélectionner et éditer ses images

Produire de la belle image est un enrichissement pour vous et pour vos proches, mais si ces images sont introuvables, elles ne serviront pas à grand-chose. Si elles sont trop nombreuses, cela reviendra au même car elles seront noyées et oubliées. Sachez sélectionner, ne pas détruire, mais mettre de côté. Faite des choix pour communiquer et partager le meilleur de vous-même. Pouvoir visualiser vos reportages récents ou anciens vous permettra de progresser; en vous souvenant des émotions vécues, en vivant des expériences successives, vous serez apte à faire mieux à l'étape suivante. Avant de parler des outils, voyons la méthode.

Contexte et souvenirs

Dans un contexte professionnel, on parle d'*editing*, phase sensible réalisée dans l'urgence dans une salle de rédaction, où la vivacité du regard, le pouvoir d'analyse et la rapidité du geste sont indispensables. Tout se joue en quelques minutes parfois pour pouvoir proposer une sélection avant l'heure fatidique du bouclage.

L'editing, c'est aussi une sélection réalisée juste après votre «reportage», chez vous, sans forcément subir la pression d'un bouclage. Les sensations sont encore fraîches et la découverte du résultat corrobore ou infirme l'intuition que l'on a eu sur le terrain. Ce choix est fait aussi «à chaud».

Un troisième type d'intervention est celui qu'un iconographe va réaliser dans les archives d'un journal ou d'un musée, avec ou sans l'auteur. C'est aussi vous, qui avez l'intention de sélectionner vos archives, avec du recul.

La création en numérique suppose une discipline lors du choix. Il faut se pencher non plus sur une table lumineuse, mais sur un écran d'ordinateur, et le crayon est remplacé par tout une série de gestes que certains répugnent à faire: recopier des dossiers, ouvrir, visualiser avec un logiciel, créer des dossiers, transmettre, archiver... Le choix, resté essentiel à la survie d'un travail, est désormais tributaire d'outils qui alourdissent sensiblement l'instantanéité du numérique. Tout ceci pour rappeler les deux points suivants, qui me semblent essentiels:

- l'importance du tri des images après la prise de vue, pour assurer leur survie;
- la nécessité d'archiver la totalité des images, mais répartie en plusieurs dossiers, pour rendre possible de futures sélections.

Exemple de sélection faite sur une planche-contact.

Une méthode

Plus on produit d'images, plus il faut être vigilant lors de leur partage. Nous devons en effet être strict dans les choix que nous allons soumettre à des destinataires de plus en plus sollicités car l'omniprésence des images diminue fortement la réceptivité. Si nous voulons être pertinent et retenir l'attention de ceux avec qui nous partageons nos photos, il faut maîtriser les règles d'un choix nécessaire en tenant compte des motivations de chacun.

Sélectionner pour être lisible

Que vous soyez amateur ou professionnel, il faut « battre le fer quand il est chaud ». Cela ne vous empêchera pas de revenir sur les choix que vous ferez, au contraire. Je vous conseille de ne rien détruire de votre production, mais de répartir vos images en plusieurs dossiers qui auront des utilités et destinations différentes.

Tout d'abord, rappelons qu'il vous faut trier, écarter, préférer, sinon, vous allez vous noyer... ou noyer votre public. Tout en archivant les fichiers, vous devez être concis, sinon lors de la prise de vue, du moins lors de la sélection des images que vous « éditez ». Vous souvenez-vous des interminables séances de projection des images de vacances de vos amis ? La profusion nuit à la lisibilité et au plaisir de notre public, que vous exposiez vos images à votre famille, à vos amis ou que vous les présentiez à des communautés plus vastes, amateurs ou professionnelles.

La notion de sélection est complexe : vous devez montrer, décrire, parfois expliquer, sans fatiguer, voire en laissant un arrière-goût de « trop peu ». Vous devez également prendre en compte les cibles visées. Certes, la famille est indulgente et n'a pas les mêmes critères de jugement qu'un éditeur, mais quel que soit votre interlocuteur, s'il s'intéresse à la qualité de vos images, il appréciera surtout la concision d'une présentation. Pour autant, faire des choix draconiens peut être frustrant, *a posteriori*. Effacer une image pour des raisons esthétiques alors que seule cette image montrait le bon instant est regrettable.

Pour tenter de satisfaire à tous les cas de figure, je vous conseille une méthode de sélections successives couramment pratiquée dans le milieu professionnel. Elle peut prendre la forme de plusieurs dossiers, si vous devez remettre ces fichiers à un interlocuteur par exemple, mais les images peuvent aussi être différenciées à l'aide d'un logiciel gestionnaire d'images, si ce travail ne sort pas du périmètre privé. Procédez en réalisant plusieurs sélections d'un même reportage, en recopiant les images d'un dossier à l'autre, comme suit.

- Sélection 1, « 100 % » : archivez la totalité du reportage, on ne sait jamais, il est parfois utile ou tentant de pouvoir revenir sur les séries pour les retravailler.
- Sélection 2, « 80 % » : faites un premier choix technique et éditorial qui correspond à ce que vous pourrez présenter à vos amis ou communiquer à un éventuel éditeur. Vous supprimez à ce stade les images floues, mal cadrées, sur ou sous-exposées, mais également les images redondantes.
- Sélection 3, « 20 % » : faites un choix plus sévère, une seconde sélection, le meilleur de vous-même... votre « best-of » !

Pour cette troisième étape, un choix restreint apporte une plus-value que vous offrez aux destinataires, car ceux-ci maîtrisent rarement la lecture de l'image et disposent de peu de temps pour évaluer et retenir LA bonne image. À la qualité intrinsèque de votre image, vous ajoutez alors la pertinence du choix.

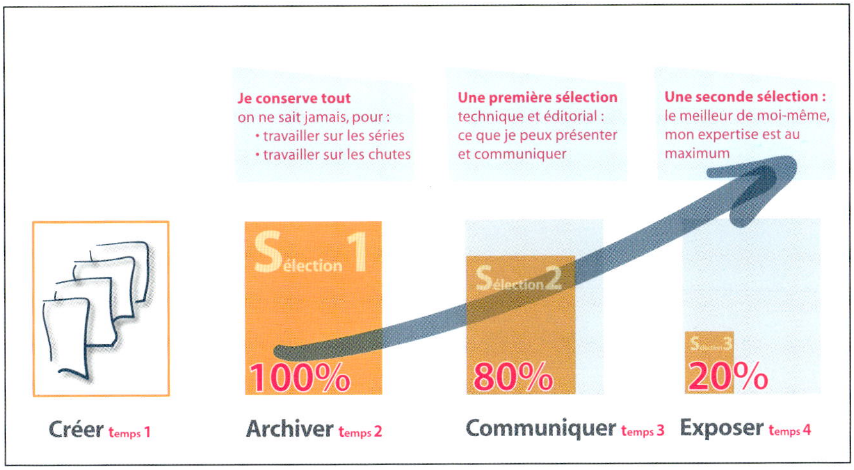

Choisir ses images.

Pour l'entreprise : des critères exigeants

Pour un photographe livrant un reportage ou pour un iconographe dont la mission est de proposer l'illustration d'un sujet, les critères de sélection suivants font partie des priorités de publication.

1. Des sélections restreintes : l'utilisateur n'a pas toujours les compétences nécessaires pour lire une image et en évaluer les ressources esthétiques et documentaires. Le choix doit donc être guidé par le photographe ou le responsable de la banque d'images. Un fonds sans expertise, où les sélections sont trop importantes, ne guide pas le choix du néophyte ; il perd en pertinence. L'impatience du demandeur, lors d'une connexion pour trouver la bonne image, le fait s'orienter vers la première venue ou bien provoque son renoncement devant la profusion !

2. Des sélections certifiées : le demandeur recherche des documents qu'il peut utiliser sans problème, avec plusieurs garanties :

- sur le plan documentaire : est-ce le bon produit ou le bon événement décrit dans la légende ?
- sur le plan juridique : ai-je le droit d'utiliser cette image pour ma communication externe ou ma plaquette commerciale ? Les droits de l'agence, du modèle et du photographe sont-ils réglés ? Ai-je le droit d'utiliser cette photographie prise devant l'œuvre d'un architecte célèbre ?

3. Des sélections cohérentes techniquement : l'utilisateur n'étant pas un professionnel de l'image numérique et encore moins de Photoshop ou des techniques d'impression, il réclame des images exploitables, c'est-à-dire des fichiers aux caractéristiques suffisantes et dans la mesure du possible, constantes (poids, espace colorimétrique, profil, standard, compression).

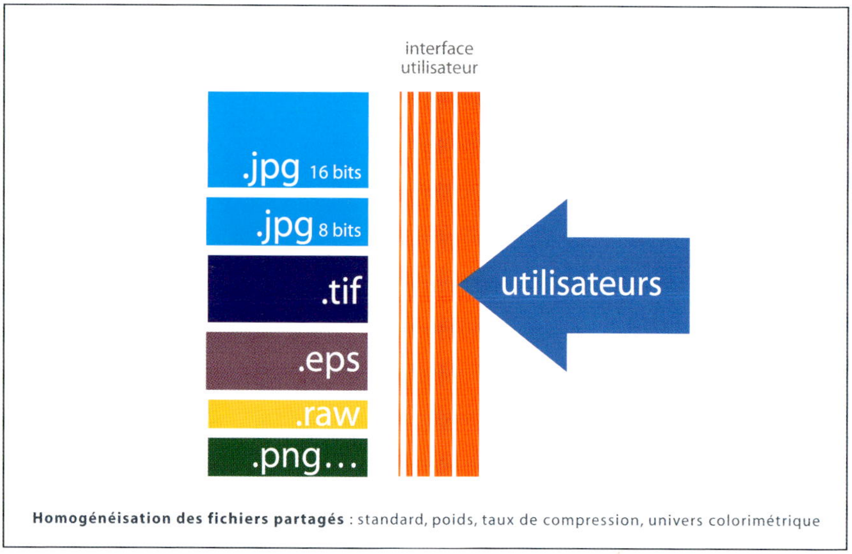

Proposer aux utilisateurs un fonds photographique cohérent.

Un exemple de sélection

Il s'agit d'une série d'images sur le port du Havre ; des photos plutôt graphiques au sein desquelles il faut opérer une sélection. Dans le cas d'une commande, par exemple, il n'est en effet pas pensable de soumettre la totalité des images à mon client. Faire cela, c'est me retrancher derrière lui et ne pas me positionner totalement comme l'auteur, maîtrisant l'image et livrant un travail achevé. En tant que photographe, j'écoute la demande, j'observe, je réalise ma prise de vue, je contrôle techniquement et je fais une sélection plus ou moins serrée que je soumets.

Le «reportage», avant sélection.

Dans le cas où l'interlocuteur n'est pas satisfait, je pourrais toujours revenir sur ma sélection et élaborer un nouveau choix. Ce retour à la totalité des images doit être une affaire personnelle. À ce propos, il y a un terme que j'évite d'employer, le «second choix», ce qui reste après la première sélection. Personnellement, je préfère revenir vers mon client avec un «nouveau choix». Ce n'est pas affaire de commerce, mais de démarche intellectuelle. Une sélection est subjective et n'est jamais parfaite, mais elle est indispensable pour communiquer un travail.

Dans le cas d'un travail libre, la méthode de sélection doit se rapprocher de celle-ci, que vous ayez à faire un choix pour vous seul ou pour une présentation. Déposer vos images sur Flickr, Picasa, Joomeo ou iPernity est un comportement proche de l'édition : vous présentez votre production et la sélection est partie constituante de chaque projet, sous peine encore une fois de vous noyer ou de noyer les personnes à qui vous destinez ces images. Ne montrez pas tout donc, soyez strict dans vos choix, c'est à ce prix que vous présenterez un projet élaboré.

Une proposition de sélection à «publier».

Interview : Nathalie Doury

La Parisienne de Photographie : un programme de numérisation transversal ambitieux.

Nathalie Doury est la directrice passionnée de la Parisienne de Photographie, depuis sa création en 2005. Cette SAEML est une société d'économie mixte créé par la ville de Paris avec comme missions la numérisation et la diffusion des collections photographiques du patrimoine municipal et la reproduction des œuvres d'art en général, pour les usages culturels et de recherche. Par ailleurs, l'agence Roger-Viollet, sa filiale, a en charge la commercialisation des droits de reproduction des fonds vers la presse, l'édition et l'audiovisuel.

Pour la photographie, ce trésor est estimé à 8 millions de tirages et de négatifs dont 6 millions sont détenus par l'agence Roger-Viollet, léguée à la ville de Paris en 1985.

Le projet était considéré par beaucoup comme ambitieux. L'élaboration d'un service unique assurant les traitements numériques de fonds aussi différents que la Bibliothèque historique ou le musée de la Mode et du costume ne devait pas être facile à mener. Finalement, après deux ans de production, la « Parisienne » semble bien se porter et le pari en passe d'être réussi.

Comment lance-t-on un programme de numérisation aussi ambitieux ?

Tout d'abord, il faut lutter contre le fantasme de la numérisation totale, faire œuvre de pédagogie face à la croyance qu'il suffit de tout numériser pour que tout s'arrange. Trois types d'acteurs participent à cette dynamique :

- les gestionnaires, croyant que la dématérialisation va résoudre tous les problèmes et faciliter la gestion du patrimoine ;
- les conservateurs d'établissements partisans de la séparation de l'œuvre de sa reproduction, avec toutefois la crainte de voir s'éloigner l'original ;
- le public, avec un fort désir de voir tout le patrimoine accessible en un clic !

Il faut surtout communiquer sur la complexité des opérations. Une campagne ne s'organise pas sans un plan de numérisation précis. Les œuvres détenues par la ville de Paris ne sont pas toutes prêtes à être traitées. Souvent, les inventaires restent à faire, des opérations de nettoyage, voire de restauration, sont indispensables. Et puis, la numérisation passe par l'administration des fonds, cela veut dire gérer des bâtiments, de la sécurité, des mouvements d'œuvres, ce qui représente un travail de Titan !

Tout ceci réclame de la méthode. Comment programmez-vous les campagnes de numérisation ?

La numérisation est un type de reproduction comme un autre. Comme tous les modes de reproduction, il faut en définir les limites et répondre aux questions suivantes : Que numérise-t-on ? Pourquoi ? Quelles informations doivent figurer « au dos du tirage » ? Quels formats utiliser ? Les caractéristiques techniques, quant à elles, ont été fixées dès le départ (voir le tableau ci-après).

Les campagnes de numérisation ont quatre origines.

1. La programmation annuelle, décidée par un comité tripartite, les arbitrages finaux étant réalisés par la direction des Affaires culturelles. Ce comité est composé des institutions qui proposent des campagnes, de l'Atelier de restauration et de conservation des photographies, qui valide la disponibilité des œuvres en termes techniques ou, dans le cas contraire, programme les opérations de préparation des fonds, et enfin de la Parisienne, qui émet un avis au niveau éditorial. En effet, les opérations doivent concerner des œuvres dont la moitié doit être commercialisable.
2. L'actualité éditoriale des collections (expositions, publications, colloques, etc.).

3. Les florilèges ou « best-of ».
4. Pour environ 20 % du volume, notre possibilité à répondre aux demandes de la presse et de l'édition (projets de publication, événement, etc.).

Quels choix techniques avez-vous fait pour la reproduction des œuvres ?

Au départ, nous avons accepté un cahier des charges précis (voir le tableau à la fin de l'interview). À noter que, même pour des supports 2D (tirages, plaques de verre ou négatifs souples grand format), nous utilisons aujourd'hui beaucoup plus un matériel de prise de vue – moyen format + dos numérique ou boîtier numérique – que le scanner, et nos formats de fichiers non compressés sont de l'ordre de 50 à 70 Mo, plutôt que les 45 initialement fixés comme limite basse). À noter également que nous livrons les images en JPEG haute définition à la ville de Paris, mais assurons la conservation de la totalité des fichiers TIFF produits, sur deux sites distincts (dont un prestataire d'hébergement), les fichiers images constituant des biens de retour remis à la ville de Paris en fin de délégation.

Comment gérez-vous l'aspect juridique, vis-à-vis du Code de la propriété artistique ?

La numérisation est une reproduction, avec une interprétation stricte du Code de la propriété intellectuelle (partie propriété littéraire et artistique). La Parisienne ne devrait numériser que les œuvres dont la ville de Paris détient les droits. En fait, pour pouvoir élargir ce périmètre, nous nous sommes engagés vis-à-vis de la ville de Paris à limiter la diffusion des reproductions des œuvres dont les droits sont détenus par des tiers au périmètre restreint des utilisateurs de la ville de Paris. Donc un usage strictement interne pour des inventaires ou des travaux de recherche.

Justement, comment diffusez-vous ces œuvres numérisées ?

Nous avons mis en place plusieurs canaux de diffusion.

1. La base « Parisienne de Photographie » est un espace réservé aux usages internes de la ville de Paris, uniquement accessible par identifiant et mot de passe. Les œuvres sont disponibles en haute définition.
2. Le site de l'agence Roger-Viollet destiné aux professionnels et pour les œuvres diffusables, celles dont la ville de Paris détient les droits, celles du domaine public ou celles pour lesquelles l'agence Roger-Viollet a acquis les droits ou a passé un accord avec les ayants droit comme les héritiers d'André Zucca ou de Pierre Jahan.
3. Le site Paris en images donne à tous un accès à une sélection thématique de photographies. Ce site est la vitrine grand public de l'iconographie parisienne ; n'y figurent là encore que les œuvres diffusables au regard des droits d'auteur.

Selon les interfaces, nous avons mis en place un système de filtres pour masquer certaines œuvres : celles qu'il n'est pas souhaitable de diffuser pour des raisons de droit à l'image, par exemple, et celles dont nous possédons les droits uniquement dans le cadre de la promotion d'une exposition.

Comment travaillez-vous avec les établissements ?

Pour les campagnes programmées, nous recevons des établissements des extraits des notices d'inventaire. La campagne de prise de vue peut alors se faire. Elle a lieu en général sur les sites.

Les images réalisées sont contrôlées par les conservateurs sur le plan géométrique : le cadrage et l'orientation. Sur le plan de la colorimétrie, les musées et bibliothèques n'étant pas équipés d'écrans calibrés, les conservateurs peuvent valider les images sur le lieu de prise de vue sur l'écran calibré de l'ordinateur portable du photographe.

Nous intégrons les métadonnées dans les fichiers en respectant le standard IPTC.

• Les informations des notices fournies : titre, nature, format, date, auteur... La communication des informations documentaires pose parfois certains problèmes, car les systèmes ne sont pas normalisés, au sein des établissements, et les exports directs sont pour le moment problématiques. Une simple feuille Excel est bien souvent la meilleure solution.

• Les informations descriptives permettent à la Parisienne de rédiger une légende et d'ajouter d'autres critères indispensables à la diffusion comme les champs « personnalités représentées », « localisation », « mentions légales » et « mots-clefs ».

Nous mettons en ligne des images sur le réseau interne pour la consultation des hautes définitions et validation finale des images et notices par le personnel scientifique des institutions. En dernière étape, nous reversons aux deux autorités de tutelle, le bureau des musées et celui des bibliothèques, les différents éléments :

• les images validées ;
• le tableau de correspondance des numéros d'inventaire/numéros des fichiers images ;
• dans certains cas, les fichiers enrichis des métadonnées embarquées ou sur fichier annexe.

Après deux ans de production, quel bilan faites-vous ?

Beaucoup de choses restent à faire, comme la standardisation des métadonnées communiquées par les établissements mais, après une période d'adaptation, nous pouvons aujourd'hui être satisfaits de la qualité des prestations photographiques, et là je parle de la sanction des utilisateurs finaux (éditeurs, etc.), mais aussi de celle de la plupart de nos institutions « clientes ». Par ailleurs, la mise en place d'une base d'images commune permet de jouer la transversalité entre les institutions : les établissements commencent à regarder les autres fonds numérisés.

Une sérieuse ombre au tableau, la conjoncture nous laisse prévoir un bilan économique plus que mitigé pour 2009. On constate des restrictions budgétaires dans tous les domaines : l'audiovisuel public et les entreprises ; les gestionnaires des grands éditeurs viennent négocier à la baisse nos tarifs.

Au-delà des problématiques de financement, le constat après deux années est celui d'une demande croissante pour les prestations de numérisation dans les établissements, même si chacun s'accorde à dénoncer l'immensité de la tâche, en amont et en aval de la numérisation elle-même.

Formats de numérisation pratiqués par la Parisienne de Photographie (du 24 × 36 mm au 60 × 80 cm).

Format original (cm)	Matériel utilisé	Standard RVB 8 bits/couche Résolution (dpi)/ Poids (Mo)/Taille (pix)	Très haute définition RVB 8 bits/couche Résolution (dpi)/ Poids (Mo)/Taille (pix)
60 × 80	Appareil de prise de vue	150/47,9/3 543 × 4 724	210/93,9/4 961 × 6 614
40 × 60	Appareil de prise de vue	212/47,8/3 339 × 5 008	300/95,8/4 724 × 7 087
30 × 40	Scanner	300/47,9/3 543 × 4 724	780/323,8/9 213 × 12 283
20 × 30	Scanner	424/47,8/3 339 × 5 008	1 100/321,9/8 661 × 12 992
15 × 20	Scanner	600/47,9/3 543 × 4 724	1 560/323,8/9 213 × 12 283
10 × 15	Scanner	850/48,1/3 346 × 5 020	2 200/321,9/8 661 × 12 992
6 × 9	Scanner	1 400/46,9/3 307 × 4 961	3 700/327,8/8 740 × 13 110
0,24 × 0,36 (soit 24 × 36 cm)	Scanner	3 500/46,9/3 307 × 4 961	4 300/70,8/4 063 × 6 094

Les formats de diffusion

Les images numérisées sont compressées en JPEG pour permettre un stockage et une diffusion optimisés. Les formats de compression sont calculés automatiquement au moment du transfert.

Visualisation

Vignette (190 × 190 pixels)
Plein écran interface institutionnelle (800 × 800 pixels)
Plein écran site commercial (480 × 480 pixels), avec ou sans filigrane numérique

Téléchargement

Moyenne définition (800 × 800 pixels) – poids d'image compressée de 250 à 550 Ko
Haute définition (3 300 × 4 500 pixels) – poids d'image compressée de 1 à 3 Mo

Page d'accueil du site de Paris en images.

Exemple du patrimoine diffusé. La référence de la reproduction (ou « cote ») est composée de l'établissement détenteur de l'œuvre (« 24779-2 » pour la première image) et de celle de l'agence photo (« PPP 0827 »).

24779-2 - PPP 0827 - © Petit Palais/Roger-Viollet. Auguste Renoir (1841-1919). Ambroise Vollard au foulard rouge, 1911. Musée des Beaux-Arts de la ville de Paris, Petit Palais.

24869-2 - PH 01161 - © Musée Carnavalet/Roger-Viollet. Chiffonnier, avenue des Gobelins. Paris (Ve arrondissement), 1901. Photographie d'Eugène Atget (1857-1927). Paris, musée Carnavalet.

1322-7 © Henri Martinie/Roger-Viollet. Paul Eluard (1895-1952), poète français et Maria Benz, dite « Nusch » (1906-1946), son épouse. Paris, vers 1935.

38568-13 - GAL 1970.34.4 - © Galliera/Roger-Viollet. Robe de ville (détail). Taffetas gris imprimé de raies blanches et rouges, galon blanc tissé de rouge, 8 boutons recouverts. 1866. Galliera, musée de la Mode de la ville de Paris.

Le patrimoine sur Internet

www.parisenimages.fr : une découverte interactive des collections photographiques de la ville de Paris.
www.roger-viollet.fr : l'agence Roger-Viollet, pour les professionnels.
www.europeana.eu : le projet du patrimoine européen en ligne.

Interview : Guillaume Cuvillier

Rédacteur en chef du *Photographe*, magazine de référence pour les photographes professionnels, les décideurs et les amateurs avertis.

Guillaume Cuvillier nous fait partager sa connaissance du monde des photographes amateurs et professionnels. Tout en louant les mérites de la révolution numérique, il attire notre attention sur l'obligation de mettre en place des méthodes d'organisation et d'archivage des fichiers pour ne pas les voir disparaître, soit par oubli sur d'immenses disques de stockage, soit par effacement brutal de leurs données.

Qu'est-ce qui différencie les archives numériques d'une collection argentique ?

On pourrait dire que l'image numérique est fragile dans sa gestion, au niveau de son stockage, par exemple. Les photos argentiques étaient identifiables, elles restaient en surface. Quand on tombait dessus, on voyait toujours ce qu'elles représentaient, alors qu'il n'y a rien de plus anonyme qu'un CD-Rom qui est en soi illisible ; un tirage ou un négatif reste lisible. L'avenir des fonds d'images réside dans la possibilité d'y accéder.

Le numérique apporte des avantages, par exemple la facilité de transmission, mais les images numériques elles-mêmes, c'est un peu comme de l'eau qui tombe sur du sable. Une fois enregistrées sur un disque dur, on en perd la mémoire, elles disparaissent s'il n'y a pas d'outil pour les retrouver. Ces logiciels sont indispensables et ils évoluent actuellement avec de nouveaux modes de recherche transversale : par la couleur, la localisation GPS, avec des appareils qui vont de plus en plus intégrer cette fonction, et aussi par recherche d'un visage particulier, etc.

La technologie vient aider les photographes ; les nouveautés, comme la reconnaissance de forme, arrivent du côté du marché des amateurs pour les aider à exploiter leurs archives et ces évolutions influencent les outils professionnels. Ces progrès sont intéressants, mais d'un autre côté, ce n'est pas une bonne façon d'éduquer les amateurs car ils ne seront plus maîtres de leur production et devront de plus en plus compter sur la technologie pour pouvoir retrouver leurs images. Ils doivent avoir parallèlement une méthode d'ordonnancement et de référencement de leurs archives. Sans cela, c'est un peu le trapéziste qui travaille sans filet, c'est ça qui est dangereux aujourd'hui.

Vous voulez dire que les photographes doivent se prendre en main ?

Oui, pour la sécurisation de leurs données, leur localisation physique et aussi pour les méthodes d'archivage pour pouvoir les retrouver. Notre rôle est d'expliquer ces règles aux photographes ; les avantages et aussi les risques. Les automatismes sont utiles pour faciliter leur travail, mais ce qu'il faut éviter, c'est qu'ils pensent que les choses vont se faire automatiquement sans leur aide. Si on ne maîtrise pas ces processus, on ne peut plus reprendre la main. Si le photographe veut adopter une nouvelle logique dans l'organisation de ses archives, il risque d'être complètement démuni car trop dépendant de cette technologie.

Les éditeurs développent des fonctions de plus en plus puissantes et c'est le sens de la technologie de faciliter la vie des gens. Là où il faut être attentif, c'est de ne pas s'installer dans un schéma où le photographe se laisserait déposséder de la maîtrise de ses archives par une technologie qui le dépasse.

Le photographe doit-il se méfier des outils de gestion et de diffusion pour partager ses images ?

Il ne faut pas confondre la gestion des archives et la diffusion, car c'est là un risque de créer une nébuleuse impénétrable. Le logiciel arrivera toujours à gérer les demandes, mais c'est l'utilisateur qui ne maîtrisera plus ses archives. Les outils sont performants, il faut les utiliser mais aussi les maîtriser. Prenez l'exemple d'un fonds géré par un logiciel qui intégrerait d'une manière transparente un filtre pour ne proposer que des images nettes ; il ferait oublier beaucoup d'images techniquement imparfaites, mais qui auraient une valeur émotionnelle importante.

Auparavant, les photographes avaient une maîtrise de leurs images et ils conservaient tout, les images réussies comme les images ratées, les images verticales et les horizontales. Aujourd'hui, le numérique fait apparaître d'autres comportements. Les photographes ne veulent pas s'encombrer de l'« inutile ». En cas de doublon (le même sujet cadré verticalement et horizontalement), ils ont tendance à ne conserver que les images horizontales par souci d'économie de place. Comme on n'a plus de rapport concret avec l'image, on appuie facilement sur un bouton d'effacement ; l'action est virtuelle. Avant on ne pensait pas à détruire une partie d'un négatif, on détruisait de la matière. Maintenant, ce n'est plus les ciseaux qui coupent et qui font mal. On ne souffre plus en supprimant !

La gestion est beaucoup plus douce pour le photographe qui n'a plus de rapport direct avec l'image dématérialisée. Cette distance fait également qu'il produit beaucoup, peut-être aussi parce que l'on a le sentiment que cela ne coûte rien. Et l'on se retrouve avec des volumes importants. On a cette idée que l'on peut produire beaucoup à peu de frais, mais en fait les coûts sont les mêmes ; il y a le coût du stockage et le prix des appareils qui a augmenté.

Un autre effet pervers est le rapport entre l'évolution des appareils et la facilité d'obtenir de bons résultats. La technologie du numérique magnifie le talent du photographe amateur. Avec cette idée-là en tête, les gens ont l'impression que le photographe n'est plus qu'un presse-bouton qui n'a qu'à viser et à déclencher. La photo « à un euro » et la photo d'identité gratuite dans les mairies viennent renforcer de cette idée. De là à penser qu'il n'est pas nécessaire d'avoir un talent de photographe pour faire une photo, il n'y a qu'un pas à franchir !

Revenons aux avantages du numérique…

L'avantage du numérique ne se situe pas dans l'économie de production et encore moins de conception pour les professionnels. L'un des avantages évidents est la facilité de transmission et de sauvegarde multipoints. En fait, peu de photographes utilisent cette protection car ils n'ont pas encore cette culture de duplication des fichiers par sécurité. Pour eux, ce n'est pas une garantie de sauvegarde, mais un facteur de stress. Pourtant, les photographes doivent s'intéresser aux nouveaux outils et aux nouveaux services, à ce que cela peut leur apporter en termes de sécurisation de leurs images. Continuer à graver des CD-Rom n'est pas sérieux, d'ailleurs on ne trouvera certainement plus de lecteurs sur les futurs ordinateurs.

Des solutions commencent à exister ; c'est vrai qu'il y encore peu de prestataires aujourd'hui sur le marché. Une des évolutions possibles est l'arrivée des acteurs majeurs comme Adobe ; il n'y aura alors plus beaucoup de place pour les autres. Il faudra savoir aussi ce que les photographes voudront bien investir dans ces services. En plus, les prestataires doivent offrir des services pérennes. Il faut voir comment ils fonctionnent souvent. Ils utilisent du matériel en location. Le jour où ils font faillite, le propriétaire reprend son matériel et efface les données…

Les acteurs traditionnels de la photographie auraient dû être les interlocuteurs naturels pour ces services. À ce propos, j'ai le souvenir d'une intervention d'Edy Gassmann, le directeur des laboratoires Picto, à cette époque, qui affirmait en 2000 que le seul support valable de sauvegarde restait le film. C'était plein de bon sens, car lorsqu'on achète un film, on est propriétaire du support. L'original peut se détériorer, mais ne disparaît pas, alors qu'en numérique, on n'achète pas un support pérenne. C'est beaucoup plus pernicieux, un fichier reste lisible, le suivant pas et la disparition est définitive. Pour combattre ce phénomène, la sauvegarde multipoints est certainement la meilleure des solutions.

Le photographe amateur est-il prêt à prendre des mesures pour sécuriser ses images ?

Cela ne l'intéresse pas, mais cela le concerne. Il n'est pas encore prêt à faire ces efforts. Je me souviens du comportement des clients chez Photoservice. Ils venaient commander des retirages avec les épreuves papier et non pas avec les négatifs. La qualité n'était pas importante, c'était juste le souvenir. J'en ai même vu certains laisser tomber leurs négatifs et essayer de les récupérer en les faisant traîner avec leurs pieds ! Pour l'amateur, l'image n'est pas considérée comme une œuvre d'art ; c'est l'art du beau geste. Il trouve une satisfaction intellectuelle et ne cherche pas à en retirer un gain, ce qui n'est pas le cas des professionnels. Un crash de disque, c'est comme un incendie, sauf que cela se produit plus souvent, mais, c'est un risque moins concret.

Produire et enregistrer des images sans les organiser, c'est un peu comme jeter de l'eau sur du sable, pour citer Guillaume Cuvillier. Les fichiers s'accumulent et il est difficile de les retrouver sur un disque dur parmi des milliers d'autres. Nous parlerons ici d'organisation en fonction des sujets, d'indexation pour rendre possible l'identification pour soi et pour les futurs destinataires. Nous verrons comment respecter un minimum de règles pour vous apporter du confort dans la manipulation de vos archives et de la sécurité pour de futurs partages.

Plafond de la salle des fêtes de l'ancien Palais des Colonies construit pour l'exposition coloniale de 1930. Paris XIIe, France. Architectes : Albert Laprade et Léon Jaussely.

1 Archiver ses images

Archiver, c'est bien sûr sécuriser vos données, mais c'est aussi situer votre travail dans le temps, c'est prendre du recul par rapport à votre création et prendre conscience de votre désir de transmettre au futur vos plus belles images. Une production achevée, son archivage est indispensable. Vous aurez peut-être déjà imprimé une sélection, mais vous devez néanmoins mettre en sécurité vos images pour de nouvelles utilisations. Ainsi, la tâche s'achève, non pas à la livraison d'un travail, mais lorsque les éléments sont triés et archivés. C'est ce que l'on appelle, dans certains métiers de l'audiovisuel, un «rendu de production», fusse-t-il réalisé pour soi-même.

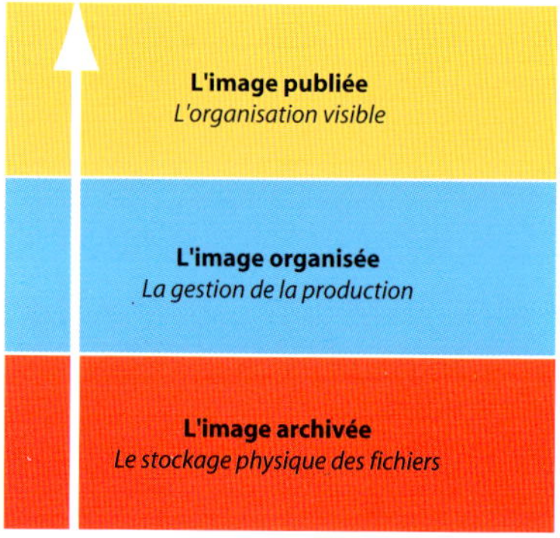

Les différents statuts de l'image.

L'archivage est une prise de conscience qui mène à l'adoption d'une méthode et au choix d'un équipement pour limiter les risques de disparition de ce qui est finalement une partie de nous. Mais pour accepter la pérennisation de son patrimoine, encore faut-il être conscient de sa valeur.

L'exécution de ces procédures nécessite du temps, mais cet investissement vous évitera toute perte de documents car les négligences et les oublis sont malheureusement fréquents. Seules des procédures de sauvegarde automatiques et transparentes apporteront une réelle sécurité. Imaginez un boîtier capable d'envoyer automatiquement les fichiers vers un centre serveur! Même si certains verront dans la recopie de leurs images un risque d'indiscrétion, cela semble pourtant être une garantie en termes de garantie de sauvegarde. Autre solution: imaginez un hébergeur capable de sauvegarder en deux points distants les dossiers que vous lui confierez. C'est une opération pratiquée dans le contexte professionnel, elle est coûteuse, mais courante. Ces procédures bénéficieront bientôt au grand public.

Trier ses images

Trier vos images est une nécessité face à l'augmentation des volumes que vous produisez. Cela vous épargnera la perte de fichiers, car vous allez mettre au point des règles de rangement et de sauvegarde; cela vous permettra aussi, évidemment, de les retrouver facilement en vous appuyant sur une solution logicielle. Enfin, trier vous amènera progressivement à construire une image de votre travail, bénéfique à votre enrichissement personnel mais également à la communauté à qui vous soumettez ces créations sur le Web.

Ce qu'il faut faire

- Organisez vos fichiers de manière à pouvoir faire des sauvegardes simplement et régulièrement.

- Apprenez à localiser vos fichiers. C'est une notion forte pour les gestionnaires d'images. N'utilisez pas un programme qui ne vous permet pas de localiser vos fichiers.
- Apprenez à maîtriser votre production, à organiser votre travail, en toute indépendance des systèmes de diffusion qui doivent se situer en aval de votre organisation.
- Utilisez un outil simple pour assurer ces tâches de recherche et de gestion tout en préservant l'intégrité des fichiers. Ceux-ci resteront disponibles et opérationnels, même si le logiciel que vous employez n'était plus supporté par son éditeur (cela arrive !).

Ce qu'il ne faut pas faire

- Ne laissez pas dormir vos reportages sur des disques durs sans les avoir sélectionnés, car vos dossiers vont grossir inconsidérément et les images vont disparaître progressivement de votre mémoire. Elles vont « couler » dans les abîmes de vos archives !
- N'espacez pas vos sauvegardes sous prétexte que c'est fastidieux, tenez bon !
- Ne confiez pas, au fil de l'eau, vos fichiers à un site communautaire ou à un prestataire, sans les avoir préalablement renommés et organisés. Les services d'hébergement et de diffusion grand public ne s'engagent pas quant à la pérennité des fichiers déposés ; lisez leurs « Conditions générales ventes », c'est très instructif. Vous risquez de perdre la totalité de votre patrimoine en cas de dysfonctionnement ou de disparition du site (c'est déjà arrivé, et cela arrivera malheureusement encore !).

Des idées reçues qui nous font prendre des risques

Les techniques de la production numérique, accessibles depuis le début des années 1980, n'apportent pas directement de solution à la préservation des informations. Ainsi, le codage de l'analogique en numérique offre beaucoup d'avantages : il permet la retouche, l'indexation, la reproductibilité et la répartition instantanées de copies. À ce titre, il favorise l'organisation d'un archivage multiple et augmente donc les chances de préservation de tout patrimoine, mais en aucun cas, il ne supprime les risques et les phénomènes de pertes d'informations enregistrées.

Les données s'effacent car les supports se dégradent comme se dégradent des documents argentiques, une plaque au collodion ou un négatif acétate. Elles s'effacent aussi car les systèmes de codage, d'enregistrement et de lecture n'évoluent pas toujours en garantissant la pleine compatibilité ; certains disparaissent.

Les techniques numériques génèrent même des risques supplémentaires en termes de pérennité et de sécurité. En effet, vous voyez un support, un disque, une mémoire flash, mais vous ne voyez pas l'image elle-même et la mauvaise identification d'un support d'enregistrement peut provoquer la perte d'un original. Sans information, un CD-Rom est anonyme ; il peut être vierge ou être la trace unique d'un enregistrement original. Il faut donc s'interroger sur les méthodes d'identification. Par ailleurs, la profusion des données engendrées par les facilités de production et de duplication impose des efforts d'organisation que l'individu, l'équipe ou l'entreprise ne sont pas toujours prêts à assumer, surtout lorsque aucune formation ou protocole n'ont été prévus.

Disques dits « Pyral » de la marque éponyme. Substrat vinylique sur âme en zinc ou aluminium, utilisé jusque dans les années 1950, avant la démocratisation des magnétophones. Plusieurs facteurs provoquent la dégradation irréversible du substrat ; seule la duplication préalable peut sauver le phonogramme.

Cela nous amène à l'énoncé de règles simples, indispensables à la préservation de nos documents tout en sachant que ces processus sont fréquemment soumis à des ruptures momentanées ou des abandons. Pour se tenir à ces règles, il faut bien sûr de la méthode, mais il faut aussi travailler dans la sérénité ; nous sommes tous capables de faire l'impasse sur un processus lorsque nous sommes pressés ou inquiets. Je veux parler d'un état où l'individu, le groupe ou l'entreprise ne sont pas dans des conditions optimales pour gérer leur mémoire au quotidien ; c'est souvent le cas dans un contexte de crise économique ou morale. Ainsi, le photographe, après avoir enrichi la photothèque de son entreprise durant des années, peut quitter son poste sans sécuriser ses images ; un service de communication peut être réorganisé ou supprimé ; les risques de disparition sont alors élevés. Donc, soyons vigilants, car l'archivage n'est pas qu'un problème d'outil, c'est aussi un problème de mental de chacun de nous.

Quelques scénarios catastrophes

N'allez pas croire que c'est pure fantaisie ! Cela nous arrive ou nous arrivera à tous !

1. Je réinitialise la mémoire de mon boîtier. Je pensais avoir copié le contenu sur mon disque dur et non, j'avais simplement visionné les images en direct, en reliant l'appareil à l'ordinateur. **Conseil** : vérifiez toujours la présence des nouveaux fichiers sur votre disque dur avant d'effacer la mémoire.

2. J'ai une série d'images aux noms standards propres à mon boîtier, de style DCN00223, DCN00224, etc. Je recopie les fichiers sur mon disque, et comme la série est déjà présente, « j'écrase » les anciennes photos. Hélas, les images aux noms identiques étaient différentes. **Conseil** : avant d'écraser un dossier ou un fichier, vérifiez son contenu. Ouvrez au moins la première photo d'une série.

3. Je réalise des fichiers de petite taille pour transmettre une sélection à un ami, sans modifier les noms originaux. En les enregistrant, je valide « Remplacer les fichiers existants » ou « Il existe déjà des fichiers semblables », c'est-à-dire que j'écrase les fichiers originaux. Me voilà propriétaire de copies de mauvaise qualité, c'est un moindre mal. **Conseil** : organisez vos dossiers en réservant des emplacements différents selon le type d'images : dossier basse définition, dossier de retouche, dossier fichiers recadrés, etc.

4. J'ai recopié le contenu sur le disque dur, mais je n'arrive pas à localiser ce nouveau dossier. **Conseil** : regardez où vous mettez… vos données !

Réussir ses sauvegardes

Il est impératif de suivre plusieurs règles pour des sauvegardes fiables.

La sauvegarde

- Aucun support n'est infaillible. **Conseil** : les copies doivent impérativement être réalisées en double exemplaire.

- Vous n'êtes pas à l'abri d'un sinistre. **Conseil**: les deux copies doivent être stockées à deux endroits distincts. C'est, pour l'amateur comme pour le professionnel, une gêne car il faut sans cesse faire des va-et-vient! Cependant, que le disque n° 2 soit chez votre sœur ou à la banque, il faut le faire. Il existe des systèmes permettant également de réaliser automatiquement des copies dites «en miroir» ou en système «Raid», système de disques travaillant en symbiose où l'on peut remplacer une unité défectueuse sans perturber l'ensemble.

La surveillance

- Surveillez vos archives pour détecter si une dégradation se produit. Si vous stockez vos fichiers sur disques durs, vérifiez régulièrement qu'ils fonctionnent et qu'ils «montent». **Conseil**: si votre ordinateur commence à avoir du mal à reconnaître un disque, faites-en une copie rapidement, il est peut-être encore temps.
- Veille technologique: surveillez les standards et les processus adoptés. L'histoire de l'informatique domestique et professionnelle nous montre que des modifications ou des disparitions de logiciels, rendant impossible l'exploitation des données, ne sont pas rares. Les éditeurs innovent, inventent des standards qui n'en sont pas, leur popularité nous fait croire le contraire et nous restons parfois en panne. **Conseil**: au moindre doute, changez de type de support et recopiez toutes vos données.

Organiser les sauvegardes

À partir d'un document numérisé ou d'un fichier original, les différentes transformations ou les copies successives créent un risque de confusion entre les versions. Il convient d'adopter, soit une règle de nommage, soit une organisation des différents types de fichiers, ceci pour deux raisons. Premièrement, la coexistence de plusieurs versions est sujette à confusion; par exemple, un fichier original avec celui de l'image recadrée. Deuxièmement, on peut rarement simplifier une production en effaçant les versions successives, au risque de perdre du temps et de commettre des erreurs irréparables. Il est donc intéressant de conserver toutes les étapes.

Les états typiques de transformation des fichiers sont les suivants:
- les fichiers originaux (prise de vue et numérisation);
- les fichiers intermédiaires de production (retouche, recadrage);
- les fichiers définitifs publiés, sorte de «bon à tirer»;
- les fichiers réduits pour des communications ou utilisations diverses – ces derniers peuvent être détruits, sauf s'ils sont complexes à réaliser; dans ce cas, il faudra créer une catégorie «Fichiers transmis».

Ces catégories relèvent de deux états: les dossiers en cours de constitution qui devront être copiés dans des volumes dits de «sauvegarde»; les dossiers achevés et définitifs, à copier dans un autre volume dit «d'archivage». La totalité doit être recopiée en double exemplaire.

Quelle que soit l'organisation de vos images, archivez vos fichiers d'une manière chronologique, en limitant le volume de chaque dossier à ce que vous pourrez recopier en phase de sauvegarde. Ainsi, si vous sauvegardez votre production sur des CD-Rom, constituez des dossiers ne dépassant pas 700 Mo. De cette manière, il vous sera simple, lorsque vous aurez atteint ce volume, de réaliser une copie de la totalité.

Chronologie de l'archivage

1. Valider une production achevée ou sauvegarder à titre provisoire des éléments non achevés.
2. Copier le dossier sur le support n° 1 dédié à l'archivage.
3. Vérifier le contenu de la copie n° 1 :
    - comparer la liste de fichiers d'origine avec celle des éléments recopiés ;
    - vérifier la correspondance des dates et des poids des fichiers sur les deux listes ;
    - ouvrir un ou deux fichiers copiés.
4. Copier le dossier sur le support n° 2 dédié à l'archivage.
5. Vérifier le contenu de la copie n° 2 en procédant aux mêmes opérations que pour la copie n° 1 (comparaison des listes, etc.).
6. Puisqu'il s'agit d'un archivage, après cette double copie, détruisez le dossier initial.

Pour une sauvegarde, provisoire donc, la procédure est identique mais vers des supports ou des volumes dédiés à la sauvegarde.

N'oubliez pas cette règle simple : pour bien gérer la sécurité de vos fichiers, il faut pouvoir les localiser et toujours visualiser l'ensemble des dossiers et sous-dossiers.

Choisir les supports

Ceci n'est qu'un conseil sur une méthode et un choix de média. Peut-être préférerez-vous un autre support, mais l'important est que vous conserviez la méthode adoptée.

Personnellement, j'ai fait le choix du CD-Rom de 700 Mo. Sa capacité n'étant pas trop importante, les sessions de sauvegarde ne sont donc pas trop espacées. Par ailleurs, sa technologie semble moins fragile que celle du DVD-Rom. Dans cette optique, je vous conseille donc de créer des volumes de 700 Mo sur votre disque dur. Vous sauvegarderez sur CD-Rom un volume lorsqu'il aura atteint cette capacité.

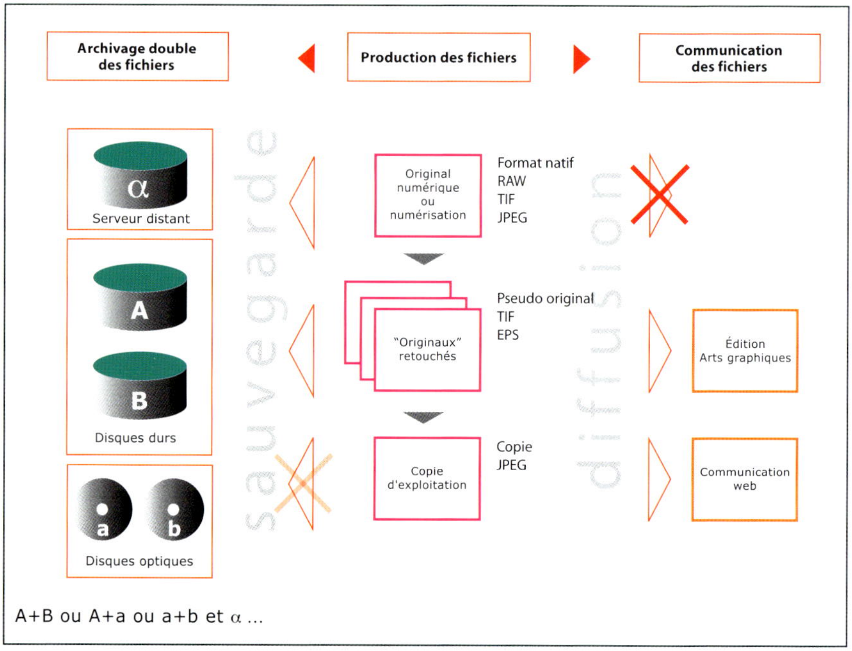

Résumé de l'organisation des sauvegardes.

Précautions

Ne gravez jamais à la vitesse maximale offerte par le *driver* du graveur, préférez une vitesse lente, moins sujette aux erreurs.

Prenez soin de vos CD-Rom : protégez-les dans des enveloppes et n'apposez aucune inscription sur votre disque gravé, même avec une encre réputée spéciale, ni même une étiquette autocollante car les colles et les encres peuvent migrer vers la surface enregistrée du disque et empêcheront à terme la lecture par le laser. Préférez un référencement de l'enveloppe qui le contiendra.

Les spécialistes précisent que les disques doivent être stockés à l'abri de la lumière dans un local sec ; suivons donc ce sage conseil.

À chaque dépôt d'un série d'images sur votre disque, nommez toujours, même à titre provisoire, ce nouveau dossier, sous peine d'en écraser le contenu lors du dépôt suivant.

N'écrasez jamais un dossier quel qu'il soit avant de l'avoir ouvert et d'avoir vérifié son contenu. Vous risquez de remplacer un dossier complet, en passe d'être déplacé vers les archives, par un dossier presque vide portant le même nom, d'une production en cours...

Conseil : déplacez d'abord le dossier à archiver définitivement vers le volume « Archives » puis, seulement après, sauvegardez le dossier en cours de production vers le volume « Sauvegarde ».

Vous pouvez également graver la première copie sur un CD-Rom et, en parallèle, enregistrer la seconde copie du même volume sur un disque dur dédié à la sauvegarde. Vous obtenez alors une collection de disques d'archives et un disque contenant l'équivalent des dossiers gravés.

Sauvegarder des dossiers en cours

La fréquence de la gravure de volumes de 700 Mo peut paraître trop faible, aussi je ne saurais que trop vous conseiller de réaliser des sauvegardes intermédiaires sur disque dur. Pour ma part, mon disque dur de sauvegarde comprend deux volumes : un dossier « Archivage », pour les dossiers achevés, et un dossier « Sauvegarde », pour les dossiers en cours.

Lorsqu'un dossier atteint le poids de 700 Mo, il doit être copié dans le volume « Archives » et être supprimé du volume « Sauvegarde ». Si les sauvegardes successives d'un dossier en cours écrasent la version précédente. Un dossier d'archives ne doit jamais être renouvelé : les archives sont « intouchables ».

Sauvegarde et surveillance

La bonne gestion d'un fonds d'enregistrements numériques (mais également analogique) se traduit par la surveillance de l'état des supports, des enregistrements, des standards et des algorithmes.

Cas où la migration est nécessaire

- Support déficient en apparence.
- Perte de signal à la lecture.
- L'électronique qui fonctionne d'une manière aléatoire, le disque peine à « monter ».
- Constructeur, porteur d'un standard, en perte de vitesse ou montrant des signes de faiblesse (cas des disques amovibles Syquest, Jaz et Zip).
- Standard abandonné. Un cas célèbre : Kodak et son « ingénieuse » invention, le Photo-CD.

Dans tous ces cas, une migration devient urgente si vous ne voulez pas perdre vos données.

La pérennité des sauvegardes dépend du choix des supports, mais également du respect des procédures, de la surveillance des enregistrements et de la migration d'un support à un autre. Depuis 1990, par exemple, nous avons vu passer les formats suivants : disquettes 5" et 3", disques durs, disques amovibles (Syquest 44, 88, 200, Zip, Jaz), supports optiques (CD-Rom, Photo-CD Kodak, DVD-Rom simple, double couche et plus), mémoires statiques (Compact Flash, Memory Stick, etc.). Dans le cas d'un fonds d'archives non surveillé, nous pouvons prévoir qu'un certain pourcentage de supports deviendra illisible. Ma propre expérience me semble significative : sur 100 Syquest de 44 Mo utilisés entre 1990 et 2000, 20 se sont avérés illisibles lors d'une migration... tardive ; sur 10 disques durs, 3 ont « lâché » ; en revanche, sur 300 CD-Rom, je n'ai constaté aucune défaillance.

Cela signifie qu'un fonds d'archives ne peut pas rester sans surveillance. Détenir un patrimoine impose une attention régulière de l'état des éléments et une veille technologique afin de détecter les évolutions et éventuelles ruptures technologiques impactant sur la lisibilité de vos données.

Faut-il renommer ses fichiers ?

Les conseils vont tous dans le même sens : on vous assure qu'il faut renommer vos fichiers pour des raisons de cohérence de votre collection d'images. Pour ma part, je préfère hiérarchiser les mesures à prendre et promouvoir la bonne organisation des images dans des dossiers dédiés, plutôt que de modifier des noms qui n'ont pas grande signification. Concentrez-vous plutôt sur l'organisation, qui prend du temps et exige déjà beaucoup en termes de disponibilité.

Les échanges sont tellement nombreux entre l'auteur et ses interlocuteurs qu'il faut veiller à chaque action à la cohérence de ce que l'on appelle les « règles de nommage ». Prenons un exemple concret : vous communiquez un fichier « x » pour tirage ou publication. Le destinataire fait une copie de votre fichier (« x-1 »)», ou effectue un recadrage et une retouche (« x-2 »). Il vous le retourne pour approbation. Question : Aura-t-il renommé le fichier ? Aurez-vous sur votre disque dur deux fichiers différents portant le même nom ?

Publication sur le Web

Voici un exemple dans le domaine du Web. Une image se nomme initialement, sur mon disque dur, « phonographe_pub_pathe.jpg ». Lorsque je la dépose sur mon compte Flickr, le nom du fichier devient le titre de l'image importée. Si je fais l'opération inverse en téléchargeant la photo sur mon disque dur, le fichier récupéré se nomme maintenant « 3356177116_07ca3a07d9_o.jpg ». Constat : ce n'est plus exactement mon image ; elle est passée par les algorithmes de traitement des fichiers JPEG (décompression/compression) du site et a perdu son nom originel.

Disparité en milieu scientifique

Pour finir avec ce problème, voici un exemple issu de prélèvements réalisés sur une dizaine de fonds photographiques patrimoniaux, au sein d'une même administration territoriale. La centralisation des moyens de gestion n'étant pas encore achevée, on voit bien les différences de nommage d'un établissement à un autre, où chacun a adopté sa propre logique de référencement.

Établissement A BHVP_GPXIX_000000006_HD.TIF BHVP_GPXIX_000000005_HD.TIF Établissement B 1048-6.jpg 1048-7.jpg Établissement C AD075PH_UPF0141.JPG AD075PH_UPF0139.JPG Établissement D 1987 CAR 1925.TIF 1991 PPA 0404.TIF	Établissement E photo_ 17 Guerrard les chars américains boulevard de Belleville Paris 20e.TIF Par-Lec 13 005aLeclerc-Dronne-à-Antony .tif Établissement F Fonds 1 2005-L03-124.jpg 2005-L03-123.jpg Fonds 2 4876.tif 4881.tif Fonds 3 DSCF0047.tif DSCF0050.tif

La dégradation des supports numériques

On confond souvent l'information numérique, qui est virtuelle et qui semble parée de toutes les vertus (communicable instantanément, pérenne, non dégradable au gré des copies, etc.), et le support de ces données, qui lui est soumis aux lois physiques du vieillissement ; on doit donc considérer ce support comme un objet fragile qu'il convient de préserver.

Support magnétique

- Dégradation de l'enregistrement (affaiblissement du signal) dû à un phénomène de magnétostriction par contraintes mécaniques ou magnétiques.
- Dégradation du support : raidissement, gaufrage, fragilisation, rupture.
- Dégradation de la couche magnétique par migration du liant vers la couche d'oxydes métalliques. La bande peut parfois coller aux têtes de lecture et d'enregistrement et peut même provoquer un arrachement du métal !

Support optique

- Rayures.
- Dégradation du substrat synthétique.
- Opacification du vernis protecteur.
- Migration des encres de l'étiquette d'identification vers la face de lecture : le signal devient illisible.

Causes électroniques de dégradation

- Abandon d'un standard d'enregistrement (Photo-CD Kodak, Jaz, Zip, Syquest...).
- Problèmes de compatibilité des périphériques de lecture avec les nouveaux systèmes d'exploitation.
- Abandon d'un logiciel par un éditeur.
- Perte des algorithmes d'enregistrement/lecture.
- Dérive des paramètres de lecture d'une machine.

Bizarrement, ces nombreuses rayures n'ont pas rendu ce disque illisible !

La dégradation est rarement évitable. On peut limiter les causes et surtout organiser l'archivage en fonction de ces risques.

Préserver ses supports numériques

Bien sûr, nous ne pouvons pas maîtriser toutes les causes de dégradation – la qualité de fabrication des disques, par exemple. Néanmoins, balayons devant notre porte et suivons certaines règles.

1. Stockez vos médias dans un endroit aussi stable que possible au niveau température et hygrométrie. Au minimum, évitez l'exposition au soleil et ne stockez pas vos disques dans un grenier dont la température monte jusqu'à 35° C l'été, ni dans une cave froide et humide !

2. Chaque sauvegarde doit être doublée sur des supports d'origines différentes. Vous pouvez utiliser des disques destinés à l'archivage, de type « or », ou « Gold » (voir tableau ci-contre), mais qui sont d'un prix élevé, ou des CD-Rom standards. Si vous adoptez ces derniers, ils doivent évidemment être de bonne qualité ; on peut toujours espérer que les marques offrent un meilleur choix que les produits discount mais je n'en suis pas persuadé. Quoi qu'il en soit, lors de la double gravure, sélectionnez deux types de CD-Rom, de préférence de marques différentes, ne gravez pas sur des disques du même lot. Ayez donc toujours en réserve deux boîtes de marques différentes. L'idée, vous l'aurez compris, est d'éviter les malfaçons sur les deux enregistrements : si un disque est défectueux, il faut espérer que l'autre sera bon. Dans tous les cas, une vérification s'impose : la gravure achevée, éjectez le disque, réinsérez le CD-Rom, attendez qu'il monte et veillez à ce que les dossiers soient bien enregistrés, faute de vérifier la lisibilité de tous les fichiers. Vous constituerez ainsi deux séries de CD-Rom d'archives.

3. Placez vos archives dans un lieu de stockage différent de celui de l'ordinateur. Pensez aux risques de vol, d'incendie, etc.

4. Évitez de toucher les faces gravées des supports optiques avec vos doigts ; les matières ainsi déposées évoluent, s'oxydent, risquent d'opacifier le vernis protecteur et de rendre la lecture des données hasardeuse.

5. Placez vos disques dans des pochettes souples ou rigides. N'inscrivez rien sur le disque lui-même, surtout pas avec un feutre réputé fait pour cela car les encres migrent vers le support à travers la dorsale et rendent illisible la gravure. Indiquez les références et titres sur la boîte uniquement.

Sauvegarder mais aussi surveiller !

Il est impératif de mettre en place une logistique de surveillance des fonds documentaires. Quelles que soient les précautions prises, un régime de contrôle périodique doit être organisé. Bien évidemment, il est exclu de passer en revue l'intégralité des objets ; en revanche, un contrôle statistique est envisageable, par lots et types de documents (photos, tirages, transparents, vidéos, disquettes, disques optiques, magnétiques, disques durs...). Des mesures d'urgence peuvent être prises en cas de constat de dégradation soudaine. Malheureusement, bien souvent, on ne fait que constater les dégâts le jour où le précieux document est requis. Ceci concerne tous les types de documents, anciens ou non ; on constate en effet des dégradations rapides de certains objets récents.

Fournisseurs de supports optiques de qualité archive.

Marque	URL	CD-Rom	DVD-Rom
MPO	www.hi-space.com	MPO CD-R Gold 52x	DVD +R
MAM	www.mam-a.com	Gold CD-R	DVD-R
Kodak	graphics.kodak.com/FR/fr	Professional Disc Gold	
Falcon media	www.falconrak.com	Pro Archival CD-R Full Gold	Pro DVD-R Archival Gold EP
Delkin	www.delkin.com/products/archivalgold	Archival Gold The 300 Year Disc CD-R Gold 52x	Archival Gold The 100 Year DiscDVD-R

La dégradation des supports argentiques

Le mauvais stockage de ces plaques de verre a engendré un décollement de l'émulsion du support. Ce phénomène risque d'être irréversible.

La fragilité des supports argentiques est plus connue que celle des supports numériques, car la technique est ancienne. Il n'est pas inutile néanmoins d'en rappeler les principales causes et d'indiquer quelques précautions à prendre si l'on veut sécuriser nos vieilles images – surtout pour la génération de photographes qui n'a jamais utilisé une pellicule argentique et qui se voit confier un patrimoine familial.

- Mauvais développement des films en laboratoire : image non stabilisée, dégradation des couleurs d'un Ekta (positif transparent).
- Exposition à des températures ou des taux d'hygrométrie hors normes, variations brutales et/ou cycliques. Risques de déformations : dilatation, rétractation, déchirement, gaufrage.
- Utilisation de conditionnement – boîtes, feuilles pour diapositives et enveloppes – en matériaux « acides » (papiers standards, PVC...), c'est-à-dire pouvant dégager des composés chlorés, par exemple, nocifs pour le document.
- Pression exercée par l'enveloppe sur l'émulsion : phénomène de migration des colorants sur une feuille de diapositives en PVC.
- Déformation par empilement de documents aux dimensions non homogènes.
- Archivage de diapositives sous caches en verre : « effet de serre » lors d'échauffement à la projection. La condensation et l'humidité permanente résultante détériorent les films conservés en l'état. Ces caches étaient utilisés pour les projections professionnelles afin de protéger les émulsions.
- Émulsion exposée à de violents éclairages : utilisation de mobiliers « spécialisés » comportant des tables lumineuses insolant systématiquement toute la collection à chaque consultation (allumage automatique de tubes fluorescents).

Les remèdes

- Ralentissez au maximum les effets décrits ci-dessus en créant un environnement stable en température et en hygrométrie.
- Archivez les documents précieux dans des enveloppes et des boîtes prévues à cet effet, sans les serrer excessivement. Des fournisseurs proposent – à grand prix – des conditionnements dits « non acides » : Stouls (www.stouls-conservation.fr) ou Atlantis (www.atlantis-France.com).

- Effectuez des copies des documents (contretypage) et organisez plusieurs lieux de stockage.
- Numérisez les documents avec une qualité suffisante pour répondre à tous les cas d'utilisation. Il est toujours regrettable d'avoir à traiter plusieurs fois une collection au prétexte que la première campagne de numérisation avait été réalisée avec une qualité insuffisante.

Offre récente de La Poste (www.digicoffre.com).

Les services d'hébergement sécurisé de données

Les conseils que nous venons de présenter ne vous empêcheront peut-être pas d'utiliser en parallèle les services de prestataires de sauvegarde en ligne. Les arguments commerciaux de ces entreprises sont convaincants car ils vous rappellent qu'il existe des remèdes aux incidents que vous avez peut-être déjà subis : virus, vol, incendie, sinistre, « crash system »...

Cette méthode, à mon sens, renforcera la sécurité de vos enregistrements, mais elle ne se substituera pas à une organisation et des sauvegardes personnelles, en amont de ces services en ligne, à moins de faire appel à des prestations professionnelles hautement sécurisées.

Les différentes prestations

Un service d'hébergement a pour utilité d'archiver vos dossiers, éventuellement de les partager, mais pas toujours de les lire. Pour cela, vous devrez utiliser une application ou un site de partage. Le mode de fonctionnement peut être passif : vous déposez les dossiers à sauvegarder ou vous synchronisez vos dossiers avec le dossier distant hébergé. Dans ce dernier cas, vous n'avez pas à vous soucier de la procédure : dès que vous modifiez un fichier chez vous, sa copie est automatiquement mise à jour chez l'hébergeur, cela s'appelle un « hot folder ». Revers de la médaille : les paranos – dont je fais partie – feront la moue !

Ces services proposent en général une offre modulaire et progressive. Une première version, en entrée de gamme, offre un service gratuit ; ensuite, en fonction du volume nécessaire, un abonnement est proposé pour quelques dizaines d'euros par an. Il est recommandé de lire les conditions générales de vente pour se rendre compte des limites d'engagement de ces prestataires.

Souvent, ce qui distingue le prestataire ciblant les entreprises de celui orienté grand public, c'est que le premier s'engage par contrat sur une qualité de service, tandis le second est plutôt occupé à vous engager, vous utilisateur. Pour trouver des prestataires dans ce domaine, les mots-clefs sont : sauvegarde, archives, backup, distant, en ligne, etc.

Un exemple de service de stockage : steekR

Cette entreprise offre des fonctions de stockage et de partage intéressantes. Vous lirez dans les conditions générales d'utilisation (GNU) qu'en aucun cas, la société éditrice n'engage sa responsabilité quant à la préservation de vos données, ce qui me semble clair et honnête. Ce service gère les types de fichiers suivants : document, photo, vidéo, musique. SteekR autorise l'hébergement de 1 Go de données gratuitement. Au-delà, vous devrez contracter un abonnement payant (voir le tableau, ci-après).

L'abonnement vous permettra rapidement, à partir de votre navigateur, de stocker, consulter et partager vos fichiers avec vos destinataires. Ceux-ci pourront eux-mêmes déposer et vous transmettre leurs documents, si vous le souhaitez. Vous pouvez gérer les dépôts soit à partir d'une application externe, soit directement en «glisser-déposer» sur l'interface Web 2.0 *via* votre navigateur. Voici la marche à suivre.

1. Connectez-vous à l'adresse suivante : www.steekr.com.

2. Choisissez l'option Souscrire, puis créez un compte en choisissant un login et un mot de passe.

3. Téléchargez l'application qui vous permettra de gérer les dépôts de vos dossiers : steekR Drive ou steekR DriveDrive. La première permet de gérer les dépôts et est compatible Mac/PC ; la seconde matérialise un disque dur virtuel distant, mais est réservée aux utilisateurs de Windows. Le téléchargement achevé, installez, puis ouvrez l'application. Vous pouvez déposer vos fichiers.

4. Vous visualisez votre répertoire et devez choisir vos dossiers à stocker. Vous avez alors accès à trois boutons : Calculate, pour visualiser le volume de données à sauvegarder, Save, pour valider la sélection, et Launch, pour démarrer le dépôt.

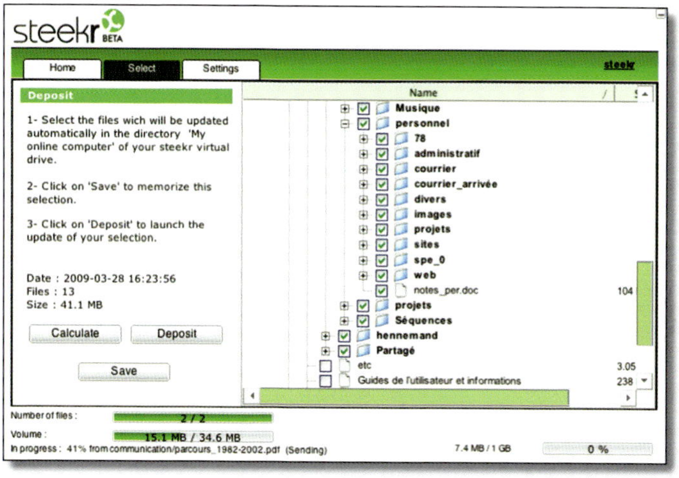

Interface de sauvegarde.

5. Connectez-vous à nouveau au site www.steekr.com et identifiez-vous. Vous accédez alors à votre espace dédié où vous pouvez visualiser vos dossiers et partager vos fichiers.

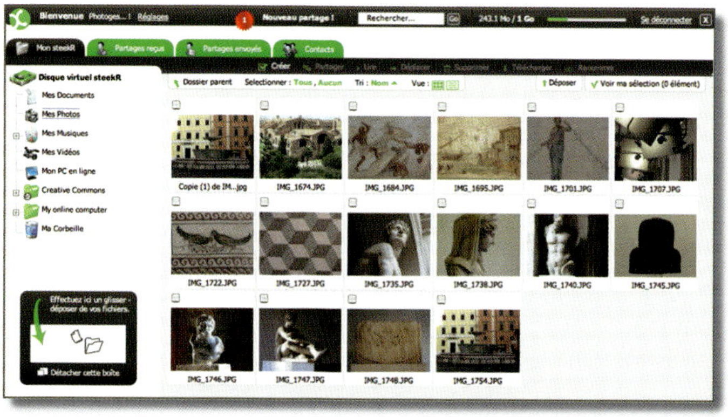

Interface de consultation de vos fichiers.

Une sélection de prestataires.

Société	Positionnement	Services	Tarifs
AdBackup www.adbackup.fr Création : 2000 Oodrive, 249, rue Saint-Martin, 75003 Paris, France Contact : support@oodrive.fr Tél. : +33 (0)1 46 22 32 02	Entreprises, mais le discours est intéressant à étudier. Travaille en marque blanche pour Fnac, Darty, Orange...	Service Oodrive (triple stockage) Surveillance 7 j/7 24h/24 Sauvegardes monitorées en permanence Sauvegarde automatique Sauvegarde incrémentale Cryptage des fichiers Rapports automatiques par e-mail Restitution en cas de perte sous 48h de vos données	Mensuel Jusqu'à 5 Go : 25 € Jusqu'à 100 Go : 225 €
Carbonite www.carbonite.com Création : 2005 Carbonite, 334 Boylston St., 3rd Ffloor, Boston, MA 02116, USA Tél. : 617-587-1100 : 877-665-4466 Contact en France : David Pego – david@megapress.fr presse@carbonite.com Tél. : +33 (0)1 46 05 73 41	Grand public	Gestion des données personnelles Sauvegarde automatique des dossiers Double cryptage des données Restauration instantanée en cas de perte	Hébergement illimité 1 an : 49 € 2 ans : 89 €
Cecurity* www.cecurity.com Création : 2001 Cecurity, 75, rue Saint-Lazare, 75009 Paris, France Contact : contact@cecurity.com Tél. : +33 (0)1 56 43 37 37	Entreprises, mais le discours est intéressant à étudier Commercialisation *via* des prestataires de services (intégrateurs), comme pour l'offre DigiCoffre de La Poste	Développement de solutions d'archivage avec preuve de dépôt Coffre-fort électronique communicant Protection des données Archivage légal et traçabilité	Pas de commercialisation en direct Tarifs non communiqués
DigiCoffre La Poste www.digicoffre.com Création : 2009 Service de laposte.net	Grand public	3 offres multimédias (image, son et vidéo) : - sauvegarde, synchronisation et partage - lecture streaming - service packagé sous-traité à steekR Une offre archivage avec preuve de dépôt	Jusqu'à 1 Go : 1 € Jusqu'à 3 Go : 3 € Jusqu'à 10 Go : 10 € Tarifs non communiqués pour la dernière offre
Diino www.diino.com Création : 2006 Diino AB, Wallingatan 22, 111 24 Stockholm, Suède Contact : support.fr@diino.net	Grand public et entreprises	Données cryptées lors des échanges (fonctionne sur un navigateur standard, interface simple) Application téléchargeable pour gérer des sauvegardes automatiques Partenariat Picnik pour la retouche	Essai gratuit 30 jours avec limitation stockage 5 Go Particulier : 49 €/an. Système de sauvegarde, jusqu'à 100 Go stockage Entreprise : 249 €/an Système de sauvegarde, jusqu'à 500 Go de stockage
DropBox www.getdropbox.com Création : 2007	Grand public	Multimédia (image, son et vidéo) Sauvegarde, synchronisation et partage Lecture directe des fichiers photos	Jusqu'à 2 Go : gratuit Jusqu'à 50 Go : 99 €

Société	Positionnement	Services	Tarifs
Fnac lesservices.fnac.com/solutions/stockage.aspx Service packagé par Oodrive	Grand public	Multimédia (image, son et vidéo) Sauvegarde et partage	Jusqu'à 10 Go : 3 € Jusqu'à 50 Go : 10 €
SteekR www.steekr.com Création : 2002 Agematis, 7, rue Raymond-Manaud, 33524 Bruges Cedex, France	Grand public	Multimédia (image, son et vidéo) Sauvegarde et partage	Jusqu'à 1 Go : gratuit Jusqu'à 5 Go : 25 € Jusqu'à 10 Go : 35 € Jusqu'à 20 Go : 45 € Jusqu'à 100 Go : 80 €

Enquête sur les processus des photographes professionnels

Il m'a semblé intéressant de procéder à un mini-sondage auprès de photographes aguerris en leur demandant de détailler leur processus de production (prise de vue, stockage, sauvegarde, archivage) et les moyens de promouvoir leur travail. Une fois de plus, j'ai été étonné de constater le haut niveau de savoir qu'ont acquis certains créateurs ; leurs réponses constituent un indicateur de plus de l'évolution du métier de photographe.

Martin Barzilai

Photojournaliste, formateur.

Coordonnées : mbarzilai@hotmail.com, tél. : 06 82 57 94 04.

Processus : j'archive en TIFF pour les images retravaillées (*editing* serré) et en RAW pour toutes celles que je conserve telles quelles. Je conserve toutes les images qui me semblent de bonne qualité.

Stockage : plusieurs disques durs, CD Gold, serveur de mon agence.

Back-up : 3 ou 4 selon l'importance du sujet. Sur des supports différents à mon bureau et aussi sur un serveur (deux localisations), sachant que le serveur réalise également plusieurs sauvegardes.

Promotion : site personnel (www.martin-barzilai.com), agence coopérative www.picturetank.com.

Hervé Bernard

Représentant du département Images numériques de la Commission supérieure technique de l'image et du son.

Coordonnées : rvbbernard@aol.com, tél. : 06 16 13 58 98.

Processus : j'archive mes photos en RAW pour profiter systématiquement de l'évolution des logiciels et réinterpréter les images en fonction de cette évolution mais aussi de ma propre évolution. Je n'archive jamais en JPEG car ce format n'a pas été pensé pour cela ; il est destiné uniquement à la transmission des images. Si nécessaire, j'en garde une interprétation TIFF ou PSD, dans la mesure du possible en RVB 16 bits par couleur. J'emploie ces formats si je dois faire un masque de correction pour l'étalonnage des couleurs, détourer l'objet ou si je fais un photomontage.

Stockage : CD-Rom, DVD-Rom, disques durs.

Back-up : DVD-Rom et disque dur, à deux endroits différents.

Promotion : site et blog personnels (www.rvb-prod.fr, www.regard-sur-limage.com), réseaux sociaux.

Maxime Champion

Photographe indépendant, journaliste, consultant.
Coordonnées: contact@maximechampion.com, tél.: 06 63 24 48 00.
Processus: je réalise les prises de vue en JPEG, j'utilise le PSD pour la post-production et j'archive en JPEG 12 (qualité maximale).
Stockage: deux disques durs externes couplés avec Sync Now! (www.liuxz.com).
Back-up: CD-Rom Gold.
Promotion: nombreuses publications de son travail de journaliste.

Franklin Erder

Documentaliste image numérique, conseil et formation en gestion de flux numériques.
Coordonnées: franklinerder@free.fr, tél.: 06 87 82 24 28.
Processus: je travaille en RAW, PSD et JPEG. Je n'utilise plus actuellement le format TIFF. Pour les JPEG, c'est uniquement pour avoir un fichier déjà prêt pour l'impression sans avoir à retraiter les PSD. Je conserve les fichiers RAW comme «négatifs» mais ils sont en réalité très rarement réexploités après la première conversion.
Stockage: disques durs externes.
Back-up: deux disques pour mes archives, un original et une copie, plus une copie journalière de l'en-cours. Merci Time Machine (système de backup automatique d'Apple OS X depuis OS 10.5)! Les deux disques sont stockés chez moi. Je crains plus une perte de données suite à un problème de disque qu'autre chose.
Promotion: site personnel (franklinerder.free.fr) qui me sert de catalogue, de book, de vitrine...

Pascal Houdart

Photographe indépendant, formation au traitement numérique, accompagnement technique à la création de tirage d'art: numérisation, retouche, chromie, impression.
Coordonnées: pasc.houdart@free.fr, tél.: 06 72 75 04 80.
Processus: je numérise les documents d'origine argentique (films inversibles ou négatifs) en fichiers RVB, 16 bpc (bits par couche), en choisissant un espace couleur à large gammut, format TIFF. Ces fichiers sont conservés par sécurité le temps de la post-production, puis détruits. Pour les documents d'origine numérique, les fichiers sélectionnés sont développés à partir des formats RAW que je passe en DNG, en 8 ou 16 bpc, dans l'espace couleur natif le plus large (ProPhoto, Adobe...). Certains fichiers ne sont pas au format RAW mais au format propriétaire (NEF, CR2, voire JPEG pour les images issues des compacts numériques). Je préfère le format DNG car il offre plus de souplesse que le RAW propriétaire, et il présente plus de garantie de perdurer dans le temps. Les fichiers des photos sélectionnées sont conservés plus longtemps que le temps de la seule post-production, par sécurité, puis détruits.
La plupart du temps, quelle que soit l'origine de la photo, sont archivés pour chacune:

- un fichier de travail avec calques de réglages, au format PSD ou PSB (format Photoshop spécialement dédié aux gros volumes), selon la taille;
- un deuxième fichier de travail pour les traitements spécifiques type Accentuation;
- un «fichier maître» aplati au format PSD ou TIFF, 8 bpc, à sa taille nominale;
- un fichier aplati au format PSD ou TIFF, 8 bpc, à la taille courante d'usage (A4 à 300 dpi);
- un fichier JPEG qualité 12 à la taille courante d'usage (A4 à 300 dpi);
- un fichier JPEG qualité 6 à 10 pour le Web, taille A4 à 72 dpi, dans l'espace couleur sRGB.

Stockage et back-up: 4 disques durs internes de 250 à 500 Go, 7 200 t/m, de marques fiables; 1 disque externe de 250 Go, 7 200 t/m de marque fiable. Une copie des disques d'archives est renouvelée deux fois par an *a minima*. 200 CD Or (Gold) d'archives gravés à moitié de la vitesse maximale sont conservés en attendant une filière de recyclage. Je n'utilise pratiquement pas de DVD-Rom, compte tenu de leur fiabilité limitée (données manquantes en gravure). Les disques durs d'archives sont délocalisés à la même adresse.
Promotion: site web personnel (www.pascalhoudart.fr), Toma, DcoD, Digitagent the Picture Ring.

Étienne Jeanneret

Photographie, Witty Pictures, studio, événementiel, assistanat et régie.
Coordonnées: etienne@wittypictures.com, tél.: 06 74 10 40 17.
Processus: j'utilise un catalogueur pour trier, classer et retrouver les fichiers selon les métadonnées et mots-clefs.
Stockage: disque dur externe.
Back-up: back-up hebdomadaire sur disque dur et sur un disque réseau dans un autre local.
Promotion: site personnel (wittypictures.com) et bientôt Joomeo.

Philippe Pons

Photographe.
Coordonnées: ponsp@orange.fr
Processus: prise de vue en RAW + JPEG, retouche en TIFF 16 bits. J'utilise ACDSee pour gérer mes images.
Stockage et back-up: deux disques durs et des DVD-Rom.
Promotion: site personnel, www.philippepons.odexpo.com

Pascal Raso

Peintre, dessinateur, photographe.
Coordonnées: pascal.Raso@wanadoo.fr, tél.: 06 12 84 82 03.
Processus: RAW essentiellement, fichiers livrables en TIFF et maintenant, de plus en plus, du JPEG 12.
Stockage: une dizaine de disques durs externes de 300 Go à 1 To.
Backup: dans un même lieu pour l'instant. J'ai déplacé mes archives argentiques en revanche; les doublons digitaux vont les rejoindre prochainement. J'utilise YouSendIt pour la communication des fichiers.
Promotion: site personnel (www.pascalraso.net), et quelques sites spécialisés où je dépose une dizaine d'images.

Philippe Stroppa

Photographe de reportage, spécialisé dans l'image d'entreprise.
Coordonnées: photo@studiopons.com, tél.: 06 76 70 85 17.
Processus: je conserve les RAW et les PSD pour les images importantes, et les JPEG pour toutes.
Stockage: disque dur interne, disque dur externe, copie sur DVD-Rom livrée au client.
Backup: deux disques dur externes miroir au même endroit pour les sauvegardes; chez le client pour le DVD-Rom.
Promotion: site personnel (www.studiopons.com), prestataire: Oodrive (iextranet.fr)

Rematérialiser ses images numériques

Notre patrimoine numérique parviendra-t-il aux générations futures ? Nous avons évoqué quelques principes pour nous préserver des pertes d'informations, mais avons-nous bien conscience tout de même de la fragilité de ces objets numériques, dont le point faible est l'absence de lecture directe ? C'est un problème pour nos images personnelles, mais également pour les collectivités. Comment garantir la transmission au gré des successions, des héritages ou des fusions d'entreprises ? Ce risque n'est pas nouveau et concerne tout objet à la lecture indirecte, c'est-à-dire tout ce qui n'est pas lisible sans l'aide d'un équipement ou d'une initiation.

Prenons comme exemple l'enregistrement sonore : Comment percevoir le contenu d'un disque ou d'un cylindre ? Beaucoup d'enregistrements historiques ont été détruits à cause de l'ignorance de ceux qui ont réglé les successions. Une image se lit, et encore, les négatifs difficilement ; un enregistrement sonore, pas directement. Il en va de même pour nos images numériques. Sans accompagnement, elles sont cryptées et restent inintelligibles. Guillaume Cuvillier, du magazine *Le Photographe*, dit d'une manière très poétique et très parlante que l'image numérique, c'est un peu comme une goutte d'eau qui tombe sur du sable : elle disparaît.

Un schéma réalisé au moyen d'un logiciel vectoriel comme Illustrator n'est pas lisible par la plupart des amateurs ; un fichier photographique enregistré en RAW non plus. Une copie d'exploitation ou d'intention en JPEG est donc presque toujours indispensable.

De même, réaliser des tirages pour une exposition est déjà une rematérialisation. Pour un destinataire non informatisé, des planches-contact ou des tirages de lecture conviendront. Il s'agit de donner aux utilisateurs le moyen d'exploiter l'information en utilisant leurs propres équipements ou savoir-faire. Les laboratoires en ligne remportent d'ailleurs un grand succès avec la réalisation de livres à partir des images fournies par le grand public. Nous avons donc obligation de recréer du tangible à partir de données numériques, comme il n'est pas inutile de conserver une trace analogique en cas de disparition de l'enregistrement numérique.

Cylindre en cire datant de la fin du XIXe siècle, disque Pyral, CD-Rom non identifié, Photo-CD Kodak avec sa mosaïque catalogue (un bon point de cette invention).

Nos images pour les générations futures

Je numérise actuellement les albums de ma famille. Certaines images ont 80 ans et le premier album date de 1946. Que deviendront les productions « purement » numériques, stockées sur disques, pour la plupart non imprimées ? Transmission, héritage, disparition soudaine, perte des mots de passe, méconnaissance même de l'existence de ces publications, avenir d'une pile de disques optiques de 15 cm, archivée dans une boîte à CD-Rom... Autant de situations où le risque est réel de perdre une série, voire une collection entière d'images.
Au-delà des aspects techniques, comment transmettre des images qui seront lisibles dans leur contexte ? Réponse : ordre, mise en page, légendes, etc. L'objet était présent jusqu'alors sur l'étagère de notre bibliothèque. L'album numérique existe-t-il réellement ? Devons-nous nous forcer à imprimer notre production, devons-nous confier aveuglément nos archives aux géants de l'Internet ou devons-nous trouver un autre médium à confier à nos héritiers ?

Les solutions pour conserver et transmettre nos images existent, mais nous sommes à la naissance d'un nouveau monde. À nous de le défricher, de tester et de chercher à comprendre pour pouvoir transmettre à nos héritiers nos plus belles images en toute sécurité. Il nous faut de la méthode, des outils et du temps !

Interview : Maxime Champion

Un photographe expert, extra et lucide.

Vous connaissez certainement Maxime Champion. Que vous ayez bénéficié de sa science à l'école de photographie Louis-Lumière ou que vous ayez été un fidèle lecteur du Photographe, *ses essais sur les équipements et les logiciels font référence. Maxime a 42 ans et il est l'exemple même du photographe « technophage ». Il analyse les nouvelles technologies avant même leur arrivée sur le marché, ausculte les nouveaux appareils, les nouveaux standards, les bons, les mauvais... Il sait visiblement ce qu'il est raisonnable de faire ; cela s'appelle du pragmatisme et c'est rassurant de l'entendre de la part d'un véritable expert.*

Comment voyez-vous l'évolution du métier de photographe depuis l'arrivée du numérique ?

Les photographes se sont mis au numérique il y a cinq ans. Depuis, le métier s'est verticalisé : les clients demandent de plus en plus du « prêt à imprimer » et il faut assurer un ensemble de prestations qui relevaient avant, de la post-production (retouche, détourage, masque, maquette, etc.). Il a fallu faire des choix d'outils logiciels, maîtriser Photoshop et consacrer un temps incroyable à la formation.

Le numérique nous oblige à assurer une série de nouvelles tâches et à résoudre de nouveaux problèmes, en plus de notre véritable métier : la communication des fichiers, l'archivage, l'administration d'un réseau informatique interne...

Quelle est votre méthode de travail en production ?

La plupart du temps, je shoote en JPEG, travaille en PSD et sauvegarde en JPEG 12, c'est-à-dire en compressant le moins possible. Je livre des TIFF ou des JPEG dans différents formats car, en général, les clients ne savent pas redimensionner les images.
Nous travaillons à trois photographes dans un studio. Comme tous, nous avons eu le fantasme du serveur pour rationaliser les échanges, mais sans bande passante suffisante et par manque de temps pour l'administrer, nous l'avons abandonné.

Que pouvez-vous dire sur la question de l'archivage ?

Chacun gère le problème à sa manière ; il y a la théorie et ce que l'on peut assumer, avec ses moyens et sa disponibilité. Nous nous sommes retrouvés avec des quantités invraisemblables de données à gérer. Pour beaucoup, le manque de méthode pousse à faire toujours plus de sauvegardes avec une quantité de données redondantes incroyable.

Personnellement, j'aime la simplicité, par conviction et par manque de temps. Je travaille sur PC (horreur, pas de Mac!) équipé d'un super disque Vélociraptore et ne stocke rien dessus. En sortie, je dédouble mes enregistrements sur deux disques que je synchronise avec un soft magique appelé Sync Now!. Avant, je stockais sur un disque dur et doublais l'archivage en gravant des CD-Rom de la marque MAM Gold, commercialisés pour l'archivage, mais cela revenait trop cher, j'ai arrêté. Ce que je devrais faire, c'est évidemment stocker un des deux disques chez moi, en tout cas dans un lieu différent du premier.

Nous avons tous ce problème de sauvegarde ; les clients également. J'ai en mémoire l'exemple d'une société qui n'utilisait qu'un disque ; le crash s'est produit. Rien n'a pu être sauvé, sauf des CD-Rom anciens de documents numérisés par des labos. Il y a aussi les incendies, les inondations, etc. Souvent, dans ce cas, le client revient vers moi pour avoir des copies. Cela ne pose pas de problème, en général.

Faut-il documenter les images ?

C'est essentiel pour un photographe. Chaque jour on me sollicite et je le répète, il faut cataloguer les images ; des logiciels peu chers existent pour cela.

Les photographes sont peu disponibles pour effectuer cette tâche et lorsqu'ils se retrouvent avec 3 terra-octets de fichiers à indexer, cela devient impossible ! Les seuls qui soient obligés d'indexer sont les photographes d'agences, car celles-ci exigent la livraison d'images enrichies en IPTC.

Pour indexer, à titre personnel, j'utilisais Portfolio et iView, qui était un excellent produit. Depuis le rachat de ce dernier logiciel par Microsoft, je travaille maintenant, avec sa nouvelle mouture, Expression Media, que je conseille.

Comment transmettez-vous les fichiers aux clients ? Connaissez-vous les services des hébergeurs ?

Avant, le client recevait un simple CD-Rom et une planche-contact. Mais comme il n'était jamais l'utilisateur final, il se dépêchait de faire une copie avant de le faire suivre au photograveur, c'était long et compliqué. Maintenant, j'utilise Jalbum pour livrer mes sélections aux clients. C'est simple et je peux personnaliser mon interface. D'autres solutions existent, bien sûr, comme Carbonite v3, dont l'abonnement revient à 50 € par an.

Lors des productions importantes, la sauvegarde est également un problème. Avant le numérique, les producteurs prenaient déjà des précautions : tel grand photographe ne prenait jamais le même avion que son assistant. Chacun partait avec la moitié des films ! Aujourd'hui, les prestataires en production offrent des solutions de stockages sécurisées temporaires.

Conclusion ?

Je crois que les photographes sont submergés. On leur a demandé de faire beaucoup d'efforts pour s'équiper et apprendre de nouvelles méthodes de travail. Aujourd'hui, chacun recherche plutôt une solution unique, comme Photoshop, qui regroupe de plus en plus de fonctions.

Nous étions arrivés à une certaine simplification. Hélas, j'ai l'impression que tout se complexifie à nouveau, avec la sortie de nouveaux équipements, l'évolution des systèmes d'exploitation, les problèmes d'incompatibilité qu'ils posent avec les logiciels déjà installés. Par ailleurs, la nature des images produites va forcément influer sur les choix de chacun. Un reporter qui rend compte de son époque va certainement faire plus d'efforts dans ce domaine que le spécialiste du *packshot*, dont la durée de vie est de 12 mois ; question d'enjeux ! Quant aux solutions professionnelles de gestion d'images, je pense qu'elles sont réservées aux grandes entreprises.

2 Utiliser un gestionnaire d'images

Un gestionnaire est utile pour centraliser et rationaliser les interventions sur vos fichiers. Indépendamment de l'organisation de vos différents dossiers, vous pourrez ainsi, au moyen d'une interface unique, importer vos fichiers à partir de différentes sources, les transformer, les indexer et les exporter vers les différents canaux d'exploitation physiques (disques durs et supports optiques) ou virtuels, *via* les réseaux internes ou externes, c'est-à-dire le Web.

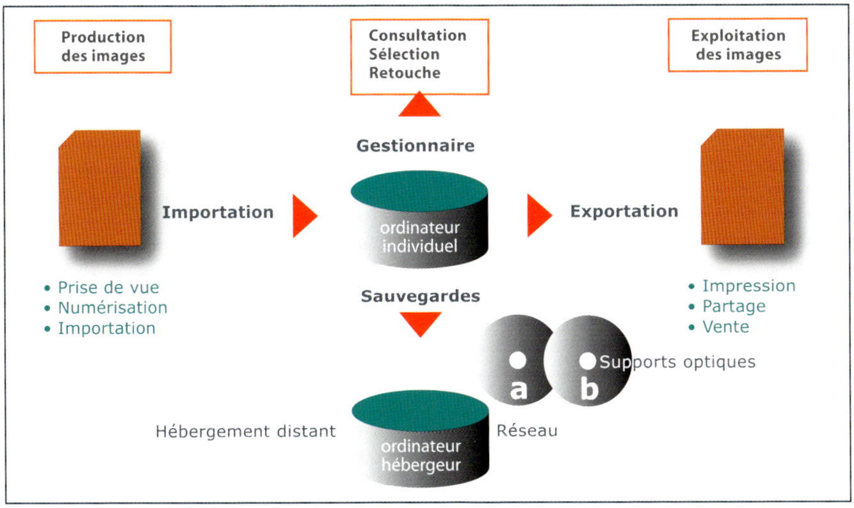

Le gestionnaire est au cœur du cycle de vie de vos images.

Les catégories

Les systèmes d'exploitation Windows ou Mac OS X permettent déjà de gérer vos images. Si vous désirez sophistiquer vos interventions, par exemple convertir vos fichiers ou gérer une fiche documentaire, vous pouvez faire votre choix dans une large palette d'outils abordables.

Avant de choisir un gestionnaire, vous devez cependant définir vos besoins, par exemple vouloir retoucher légèrement vos images sans avoir à faire appel à des programmes complexes (voir plus loin le tableau récapitulatif). Ces outils se regroupent en plusieurs catégories, détaillées ci-après, sachant que l'offre varie très vite aujourd'hui.

Les convertisseurs de fichiers

Graphic Convertor (Mac OS X) ou XnView (Windows, Unix, Mac OS X) sont capables de traiter un nombre important de types de fichiers. Un investissement d'une vingtaine d'euros est nécessaire.

Les visionneuses

Ce sont de simples outils de visualisation comme IrfanView (gratuit, pour Windows). Ces outils sont aujourd'hui concurrencés par les fonctions intégrées aux systèmes d'exploitation et par les nouvelles offres en ligne en accès libre, intégrant des fonctions de retouche évoluées.

Les gestionnaires simples

La référence historique, ACDSee, reste performante avec de nouvelles extensions vers le Web, en importation et en exportation. Vous pouvez ainsi gérer vos fichiers et intégrer des informations utiles à leur compréhension et leur réutilisation. Dans cette gamme néanmoins, les éditeurs ont du souci à se faire avec les offres gratuites comme celle de Google avec Picasa 3.

Les gestionnaires semi-professionnels

En version monoposte ou serveur, ces logiciels sont compatibles avec les normes documentaires indispensables dans la communication professionnelle. On parle ici de gestion des métadonnées : les données EXIF, générées automatiquement par les boîtiers, et les données manuelles, avec les champs IPTC, XMP et autres. Citons Portfolio, PhotoStudio, FotoStation...

Les offres grand public 100 % Web

Avec les sites d'hébergement d'images et de vidéos, comme Picasa Albums Web, Flickr, Ipernity, Joomeo, vous avez un choix chaque jour plus vaste. À examiner les possibilités des solutions en ligne grand public, vous pouvez vous demander si tout n'est pas réuni sur ces sites « presque » gratuits, à la popularité fascinante : 10 milliards d'images sur Facebook, 3 milliards sur Flickr avec 30 millions d'inscrits. Mais n'oubliez pas qu'en dehors de leur aspect participatif performant, il s'agit là de moyens de partage sans garantie de pérennité de vos images. Les entreprises qui les gèrent peuvent faiblir, être rachetées, voire disparaître – on cite souvent l'exemple de la plate-forme d'hébergement et de vente d'images Digital Railroad (DRR, tech.groups.yahoo.com/group/DigitalRailroad) qui pourtant était une offre professionnelle –, vous n'avez aucune garantie de voir vos fichiers survivre à ces mouvements, donc prudence et bonne gestion préalable !

Les offres professionnelles

Vous trouverez plus loin (voir p. 91) une page consacrée aux applications professionnelles. Elle a pour but de résumer les caractéristiques d'une application ou d'un service professionnel et de les restituer dans le contexte de la communication de l'entreprise afin de mieux comprendre leurs performances et les engagements en termes de sécurité. Il s'agit aussi d'en rappeler les coûts. Ce sont des outils tels que Alchemy, Algoba, e-Photo, Keepeek, Imaload, Orkis...

Les fonctions de base d'un gestionnaire d'images

Pour décrire de manière lisible l'organisation d'un gestionnaire, nous avons pour habitude de répartir les fonctions en trois volets : les différents modes d'importation des fichiers, leur gestion dans le système et les « sorties », regroupant les différentes fonctions d'exploitation.

L'importation des fichiers

On peut décrire le processus d'organisation de vos images, ou leur « cycle de vie », en trois phases.

- L'**importation** des nouveaux fichiers : c'est la première étape de l'enrichissement de votre photothèque. Vous y supprimerez les éléments que vous jugerez mauvais.
- La **gestion** : dans cette deuxième étape, vous ajoutez des informations permettant de comprendre vos images et ensuite de les retrouver ; vous pourrez aussi améliorer leur qualité esthétique en les recadrant et en les retouchant.
- Enfin, l'**exploitation** des fichiers : c'est évidemment le plus important que de montrer, partager, offrir à ces proches... ou au monde entier sur un site communautaire !

Les formats de fichiers standard (TIFF, JPEG, BMP, RAW...) sont habituellement acceptés. Si les trois premiers sont « stables », ce n'est pas le cas du RAW. Chaque jour voit naître une nouvelle version proposée par tel ou tel constructeur. Il faut donc veiller à ce que l'application que vous utilisez pour gérer vos fichiers prend en charge le RAW de votre nouvel appareil.

L'importation se fait à partir des différentes sources : appareils photographiques, disques durs, CD-Rom/DVD-Rom, scanner, Web. Vous pourrez parfois importer des métadonnées, données documentaires, contenues dans les fichiers ; souvent, les informations EXIF sont aussi récupérées. Cela vous permettra de mémoriser des informations liées à la prise de vue : date, heure, focale, action du flash, etc. La récupération des données documentaires saisies manuellement par les photographes professionnels sous le standard IPTC ou XMP sont l'apanage des solutions évoluées. Pour appréhender le rôle de ces informations, reportez-vous au chapitre « Comprendre les métadonnées » p. 75).

Les solutions en ligne proposent souvent l'enrichissement des images par des tags ; ces « étiquettes » devraient en réalité être des « mots-clefs ». Attention, elles ne sont pas toujours compatibles avec les fameuses métadonnées citées plus haut et encore moins récupérables, d'une manière standard, lors du téléchargement. Il faut alors faire appel à un développement informatique spécifique pour récupérer et enregistrer ces données dans ses fichiers.

Les principales fonctions de gestion

À cette étape, vous allez améliorer la qualité de vos prises de vue, à la fois sur un plan esthétique en recadrant et en retouchant certains détails ou en modifiant couleur, lumière et contraste, mais aussi en apportant de l'information sur les personnes représentées, le lieu ou le contexte de l'action. Ceci est bien utile à la bonne compréhension de l'image par des tiers, ou par vous-même lorsque les années auront passé. La légende transforme l'image en document.

Un bon gestionnaire vous permet les actions suivantes.

- Visualisation du contenu d'un dossier importé.
- Renommage des fichiers, en groupes, ce qui permet une gestion «lisible» et directe des fichiers. Sachez cependant qu'il est difficile de maintenir une logique de nommage dès lors que vous gérez des milliers de fichiers dans des centaines de dossiers.
- Ajout d'informations, ou indexation. *A minima*, vous pouvez enrichir le fichier image de mots-clefs, ou «tags», qui identifieront les visuels et leur permettront d'être recherchés – et trouvés – à la fois par vous, utilisateur principal, par les portails images et les moteurs de recherche, lorsque que vous les aurez publiés.
- Organisation par catégories personnalisées. Un fonds d'images devient riche lorsqu'il est structuré. En en montrant l'organisation, vous communiquez sur les types de contenus de votre photothèque et vous aidez à sa compréhension. Ainsi, quand vous découvrez un fonds d'images, la lecture de la liste des principaux thèmes – puis de celle des subdivisions proposées pour un sujet – vous fait immédiatement comprendre les sujets traités et le degré d'approfondissement de l'information.
- Sélection d'images dans des classeurs/albums. C'est une autre façon de classer vos images. Vous pouvez créer des sélections par thèmes ou par projets, provisoirement ou définitivement.

Des fonctions ludiques viennent enrichir ces programmes, notamment la retouche simple d'une image ou d'un groupe d'images. Les fichiers peuvent être soumis à différents traitements et le gestionnaire devient alors une sorte de laboratoire : redimensionnement, rotation, couleur, contraste. Des logiciels spécifiques offrent des fonctions beaucoup plus puissantes, du presque gratuit Gimp à l'onéreux Photoshop en passant par son bel avatar Photoshop Elements. Attention toutefois à ne pas trop détériorer le fichier si vous n'êtes pas un as de la retouche ! Le résultat serait vite inexploitable par les laboratoires de tirage. Mieux vaut souvent confier ces interventions à des professionnels ou les réserver à des versions destinées à l'affichage écran sur un blog ou à l'envoi par e-mail. Vous devrez alors veiller à bien archiver deux versions et ne pas effacer l'original par un fichier retouché.

Les principales fonctions d'exploitation

Vos fichiers peuvent avoir de multiples destinations : vous pouvez les matérialiser en les imprimant, les communiquer à des tiers ou les publier sur des blogs ou des sites communautaires pour échanger et recueillir des commentaires, etc.

- Communication de fichiers par messagerie ou *via* le Web : publication des images sur un blog ou sur un réseau communautaire (Flickr, Picasa Albums Web...), envoi à un laboratoire photographique pour réaliser de simples tirages ou de magnifiques albums photographiques, etc.
- Gravure d'un CD-Rom ou d'un DVD-Rom.
- Exportation de volumes sur supports externes, disques durs et supports optiques.
- Impression de planches-contact ou de posters.
- Création de diaporamas ou de séquences vidéo à partir d'une sélection d'images fixes.

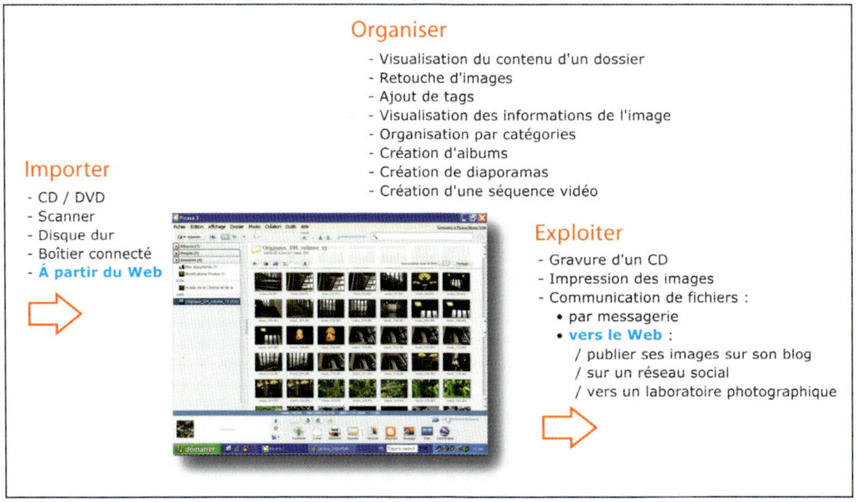

Résumé des fonctions d'un gestionnaire d'images. Un exemple : Picasa.

Solutions de conversion, retouche et gestionnaire d'images.

Nom et coordonnées	Type d'application	Gamme et prix
ACDSee fr.acdsee.com ACD Systems Ltd., Privacy/Customer Service, 200-1312 Blanshard Street, Victoria, British Columbia, V8W 2J1, Canada	Gestionnaire d'images Une référence historique pour Windows et Mac OS X	Version ACDSee Pro 2.5 : 120 € Version grand public, ACDSee Gestionnaire de photos 2009 : 40 €
Expression Media www.microsoft.com/expression/products/Overview.aspx?key=media Contact : France@msdirectservices.com MSStore Microsoft Store Emea, c/o Arvato services, Höltenweg 33, 48155 Münster, Allemagne	Gestionnaire d'images Ex. iView, pour Windows et Mac OS X	150 €
FotoStation www.orbimedias.com www.fotoware.com Contact : oys@fotoware.com / pascal.deret@orbimedias.com FotoWare a.s Holbergsgt. 21, 0166 Oslo, Norvège Tél. : +47 22 03 24 00 Tél. : 01 41 77 42 10	Gestionnaire d'images Windows, Mac OS X	Version Pro : 490 €
Gimp www.gimp.org docs.gimp.org/fr Gnome Foundation, 8 Cambridge Center, Floor 5, Cambridge, MA 02142, USA	Retouche d'images Logiciel libre pour Windows, Unix, Mac OS X	Logiciel gratuit, don suggéré
Graphic Converter www.graphic-converter.net www.macvf.com Contact : support@macvf.com	Convertisseur de formats de fichiers « La » boîte à outils de traitement pour Mac OS X	28 €

Nom et coordonnées	Type d'application	Gamme et prix
iPhoto www.apple.com/fr/ilife/iphoto ZA de Courtabœuf, 12, avenue de l'Océanie, 91956 Les Ulis Cedex, France Tél.: 01 69 86 34 00	Gestionnaire d'images Mac OS X	100 € Inclus dans la suite bureautique iLife pack
IrfanView www.irfanview.com Contact: irfanview@gmx.net Irfan Skiljan, Postfach 48, 2700 Wiener Neustadt, Autriche	Visionneuse, logiciel gratuit pour une utilisation non commerciale, Windows	
Photoshop Elements 7 www.adobe.com/fr/products/psprelements Adobe éditeur Service clients: 01 71 23 01 96 Support technique: + 31 20 582 0865	Visionneuse + retouche d'images pour Windows	100 €
PhotoStudio www.arcsoft.com/public/software_title.asp?pType=&ProductID=9 Arcsoft éditeur Tél.: + 44 203 004 2321	Gestionnaire d'images pour Windows et Mac OS X	100 €
Picasa 3 picasa.google.fr Google Paris, 38, avenue de l'Opéra, 75002 Paris Tél.: 01 42 68 53 00	Gestionnaire d'images pour Windows, Mac OS X (version 10.5)	Logiciel gratuit
Picnik www.picnik.com Bitnik Inc., 1932 1st Avenue, Suite 716, Seattle, WA 98101, USA	Retouche d'images Service 100 % web	Service offert Version Premium: 25 $
Portfolio www.extensis.com/fr/products/asset_management/product_information.jsp?id=2000 Extensis Europe, Suites 17 & 18, Newton House, Northampton Science Park, Kings Park Road, Moulton Park, Northampton, NN3 6LG, Royaume-Uni Tél.: + 44 1604 654 270	Gestionnaire d'images pour Windows et Mac OS X	210 €
SimpleImage www.simpleimage.com	Visionneuse pour Mac OS X	17 €
ThumbsPlus www.cerious.com/thumbnails.shtml Contact: support@cerious.com Cerious Software Inc., 1515 Mockingbird Lane, Suite 1000, Charlotte NC, 28209, USA	Gestionnaire d'images pour Windows	ThumbsPlus 7 Pro: 110 € ThumbsPlus 7 Std: 60 €
XnView www.xnview.com/fr/xnview.html webmaster@xnview.com Pierre-emmanuel Gougelet, 10, rue René-de-Chateaubriand, La Neuvilette, 51100 Reims, France	Convertisseur de plus de 400 formats de fichiers pour Windows, Linux et Mac OS X	26 €

3 Un exemple de gestionnaire : Google Picasa 3

Pourquoi avoir choisi Picasa ? Je préfère utiliser une solution gratuite, aux fonctionnalités suffisantes, plutôt qu'un logiciel dont je ne possède pas la licence ; c'est peut-être vieux jeu, mais je pense qu'il est préférable de travailler sereinement dans un contexte de légalité, de même que je refuse d'utiliser les photographies d'autrui sans en rémunérer les auteurs.

iView m'avait étonné à sa sortie ; depuis son rachat par Microsoft, ce produit s'appelle « Expression Media » et vaut aujourd'hui 150 €. Personnellement, j'utilise un produit plus sophistiqué depuis de nombreuses années : Portfolio, d'Extensis, avec aujourd'hui la version 8.5 (environ 200 €). Pourquoi payer puisque l'offre gratuite tente à rivaliser avec l'offre payante ? Travaillant sur Mac, je n'avais pas trop le choix au début et la bonne gestion des métadonnées était indispensable. Aujourd'hui, j'ai acquis une connaissance, une culture pourrait-on dire, de ce programme. L'apprentissage d'un nouvel outil étant un investissement précieux, je reste fidèle tant qu'aucune « révolution » ne m'est proposée.

Picasa est compatible Windows et Mac OS X (version 10.5) et disponible à l'adresse suivante : picasa.google.fr pour Windows et www.google.com/mac, pour Mac OS X (Intel seulement). Cette présentation n'est pas exhaustive, elle vous montre le fonctionnement général de cet outil et les avantages que vous pourrez en retirer.

Les fonctions de base

La sélection de l'onglet Importer vous donne accès au « centre d'importation ». Un premier bouton, Sélectionner votre périphérique, vous permet de choisir votre source : lecteur de CD-Rom, scanner ou appareil de prise de vue (qui doit être connecté), puis de sélectionnez un volume à importer. Automatiquement, Picasa analyse ce volume. Les images apparaissent alors en petite taille à gauche de l'écran, triées par date. Vous visualisez ainsi instantanément vos sessions de prises de vue. Vous devez ensuite attendre le chargement des aperçus de grande taille, situés à droite de l'écran. Cette visionneuse vous permet de redresser et d'analyser vos images pour n'en retenir que certaines pour l'importation. Celle-ci se fait sur une sélection ou sur la totalité des fichiers disponibles. Pour faire une sélection, cliquez sur les vignettes choisies. Si ces dernières ne se suivent pas, avant de cliquer sur la seconde, appuyez sur la touche Ctrl de votre clavier. Trois boutons permettent de démarrer l'importation définitive des fichiers : Tout importer, Importer les éléments sélectionnés et Annuler. Une case à cocher élimine les doublons lors de l'importation.

Une dernière fenêtre, Terminer l'importation, vous permet de créer votre dossier d'importation en choisissant son nom et son emplacement sur votre disque. Vous pouvez aussi indiquer une date de prise de vue ou faire prendre en compte la date inscrite dans les fichiers, préciser le lieu de prise de vue et enfin rédiger une description, c'est-à-dire une légende commune à cette série d'images. Cliquez sur Terminer pour valider l'importation.

Le survol des boutons fait apparaître des fenêtres d'aide très parlantes.

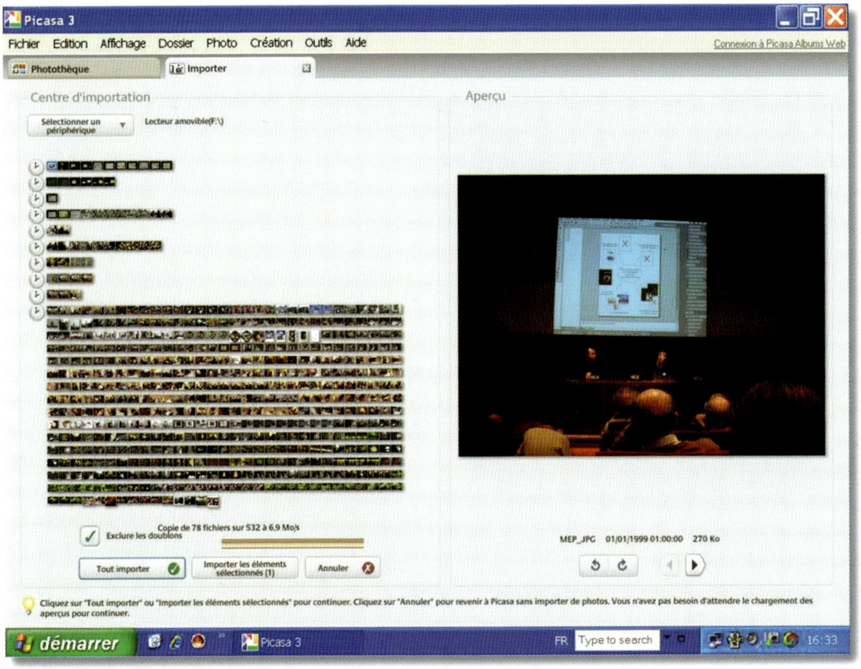

Le centre d'importation.

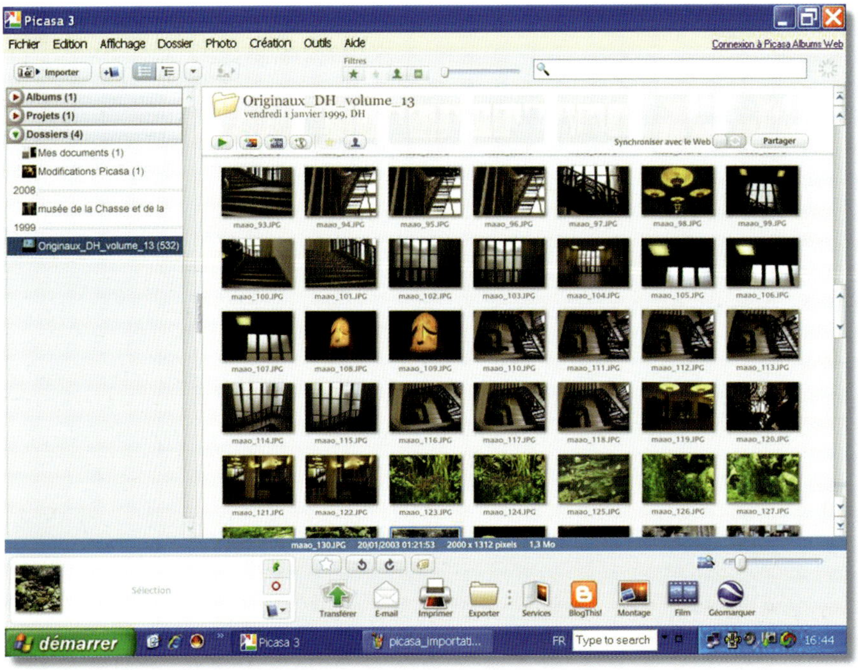

Visualisation des images importées.

Naviguer dans sa photothèque

À gauche de l'écran, vos images sont organisées par dossiers importés, classés chronologiquement. Cliquez sur le titre du dossier pour faire apparaître les propriétés que vous avez saisies à l'importation.

À droite se trouve la fenêtre principale. En cliquant sur l'un des dossiers, à gauche, vous faites apparaître son contenu sous la forme d'une mosaïque. Cliquez sur une vignette pour agrandir l'image et avoir accès à gauche aux fonctions de modification du visuel : retouche, lumière, effet, etc.

Le bandeau inférieur donne accès aux fonctions d'exploitation : impression, publication, envoi par e-mail, montage, exportation vers un dossier de votre disque dur, transfert, etc.

Les informations liées aux images

Nous avons vu que la gestion d'une photothèque comprend la maîtrise des informations liées aux images. Picasa les répartit en plusieurs endroits :

- dans l'identification d'un dossier, dont la légende, qui apparaît quand on clique sur le titre de ce dossier ;
- grâce aux tags ou mots-clefs, accessibles par l'icône Étiquette, en bas de la fenêtre principale ;
- *via* les informations techniques, enregistrées automatiquement lors de la prise de vue. Ce sont les données EXIF, appelées ici Propriétés et accessibles dans la barre de menus en cliquant sur Photo.

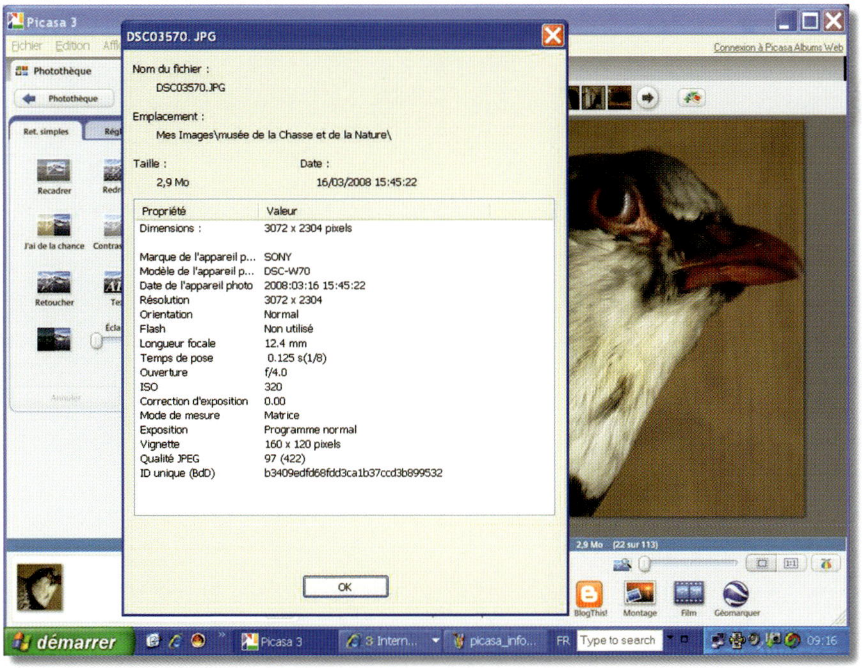

Affichage des informations techniques de type EXIF.

Des fonctions de retouche simples à utiliser

Pour accéder à ces fonctions, double-cliquez sur la vignette de l'image à modifier. Trois onglets proposent différents modes d'intervention, résumés dans le tableau ci-dessous.

Affichage simultané des possibilités de retouche.

Retouches simples	Retouches fines	Effets
Recadrer	Éclairage d'appoint	Netteté
Redresser	Hautes lumières	Sépia
Yeux rouges	Ombres	N&B
J'ai de la chance	Températures couleurs	Réchauffement couleurs
Contraste auto	Sélection de couleur neutre	Grain
Couleur auto		Coloration
Retoucher		Saturation
Texte		Flou artistique
Éclairage d'appoint		Halo
		N&B filtré
		N&B partiel
		Dégradé supérieur

L'interface des fonctions de retouche.

Principales fonctions d'exploitation en bas d'écran

Toutes les fonctions proposées sous la forme de boutons sont accessibles dans la barre de menus (voir plus loin).

- **Icône Étoile (favori)**: pour enrichir un dossier de vos images préférées.
- **Icône Étiquette**: cette fonction vous permet d'inclure des mots-clefs dans vos fichiers, ce qui est indispensable pour retrouver et classer vos images et être détecté

par les moteurs de recherche. Ces termes seront reconnus par Picasa, Flickr et les autres portails d'images.

- **Transférer** : pour éditer une sélection vers Picasa Albums Web, le site communautaire de Google.
- **E-mail** : pour communiquer la sélection en cours par messagerie. Vous avec le choix entre votre messagerie ou celle de Google, Gmail.
- **Imprimer** : fonction standard.
- **Exporter** : c'est une fonction très utile pour communiquer des sélections à la qualité dégradée si vous craignez de vous faire pirater vos images. Vous créez un dossier des éléments, en sélectionnant l'emplacement, en choisissant la taille et la qualité de compression des JPEG et en ajoutant, si vous le désirez, un filigrane sur chaque image (filigrane que vous devez créer au préalable, sous forme d'illustration).
- **Services** : permet de commander des tirages papier à partir de l'interface. Une liste de laboratoires en ligne est proposée.
- **BlogThis!** : si vous ne possédez pas déjà de compte chez un hébergeur de blogs, vous pourrez ici en créer un chez Blogger en cinq minutes, montre en main ! Blogger est le site de blogs de Google.
- **Montage** : propose la réalisation d'une mise en page pour fond d'écran ou poster.
- **Film** : Picasa enregistre une séquence vidéo à partir de votre diaporama.
- **Géomarquer** : vous connecte directement à Google Earth pour marquer vos images en les localisant sur une carte.

Fonctions accessibles par la barre de menus.

Fichier	Édition
Nouvel album	Couper
Ajouter un dossier à...	Copier
Ajouter un fichier	Coller
Importer à partir de	Copier tous les effets
Importer depuis Picasa Albums Web	Coller tous les effets
Ouvrir le fichier dans un éditeur	Copier texte
Déplacer vers un nouveau dossier	Coller texte
Renommer	Tout sélectionner
Enregistrer	Sélectionner mes favorites
Rétablir	Inverser la sélection
Enregistrer sous	Effacer la sélection
Enregistrer une copie	
Exporter la photo vers le dossier	
Localiser sur le disque	
Supprimer du disque	
Imprimer	
Envoyer par e-mail	
Commander des tirages	
Quitter	

Affiche les images marquées comme favorites dans la zone de sélection

Affiche les images non favorites dans la zone de sélection

Affichage	Dossier
Galerie	Modifier la description
Petites vignettes	Afficher le diaporama
Vignettes normales	Actualiser les vignettes
Centre de retouche	Trier par...
Tags	Masquer
Diaporama	Afficher
Chronologie	Imprimer la planche-contact
Options de recherche	Exporter sous forme HTML
Petites photos	Créer un CD cadeau
Photos masquées	Localiser sur le disque
Mode d'affichage	Supprimer de Picasa
Légende des vignettes	Déplacer
Affichage des dossiers	Supprimer

Photo	Création
Afficher et modifier	Définir comme fond d'écran
Retouche simultanée	Créer un poster
Propriétés	Montage photo
	Ajouter à l'écran de veille
	Film
	Commander des tirages et des produits
	Publier sur Blogger

Outils	Aide
Gestionnaire de dossiers	Sommaire et index de l'aide
Gestionnaire de transferts	Forums Picasa
Configurer la visionneuse de photos	Afficher le fichier Lisez-moi en ligne
Configurer l'écran de veille	Vérifier les mises à jour
Sauvegarder des photos	Désinstallation de Picasa
Transférer vers Picasa Albums Web ou vers YouTube	À propos de Picasa
Géomarquer vers Google Earth	
Expérimentation	
Configurer les boutons	
Options	

Galerie : Pour revenir à la présentation Photothèque

Centre de retouche : Pour accéder aux trois onglets d'outils

Tags : Appelle la fenêtre pour saisir des mots-clefs

Chronologie : Vous visualisez en 3D vos dossiers d'importation. Chaque session est représentée par une pile de vignettes ; double-cliquez sur l'une d'entre elles et vous déclenchez un diaporama de cette série

Options de recherche : Affiche la fenêtre de recherche textuelle

Photos masquées : Fait apparaître les photos que vous avez masquées. Un mot de passe peut être inséré

Mode d'affichage : Paramétrage poussé

Légende des vignettes : Choix des informations affichées en sous-titre : légende, tag, etc.

Affichage des dossiers : Tri et présentation des dossiers

Dossier : Modification par séries d'images déposées

Créer un CD cadeau : Graver un CD-Rom

Afficher et modifier : Accès aux outils de retouche

Retouche simultanée : Renommage et modification par série

Propriétés : Accès aux données EXIF + nom + emplacement

Publier sur Blogger : Lien avec le site de blog de Google

Gestionnaire de dossiers : Exploration de l'arborescence + choix des dossiers à surveiller hot folder

Configurer l'écran de veille : Choix des types de fichiers lisibles

Sauvegarder des photos : Graver un CD-Rom

Configurer les boutons : Paramétrage des commandes à l'écran

Options : Paramétrage fin de certaines fonctions

Expérimentation : Fonctions évoluées : Afficher les résultat en double, Rechercher (repère les images par couleur)..., Enregistrer les résultats de recherche, Afficher les tags en tant qu'albums, Photo d'identité (à partir d'une image repérée comme contenant un visage), Supprimer les albums vides en ligne

4 Indexer ses images avant diffusion

Indexer vos images, c'est permettre leur compréhension par les lecteurs et leur identification par les moteurs de recherche. Cela favorise la mise en rapport de vos images avec les futurs utilisateurs.

Indexer une image, concrètement, c'est décider des termes qui aideront à sa compréhension et à son identification. C'est aussi inscrire des repères thématiques et lexicographiques qui faciliteront sa recherche et permettront sa visibilité sur les sites communautaires. Cela signifie transmettre sa connaissance d'un lieu, d'un événement ou des individus représentés sur l'image, apporter son expérience à propos d'un instant fixé par l'appareil, toutes caractéristiques qui ne pourront pas être devinées, ces informations que vous seul, lorsque l'information est encore fraîche, pouvez enregistrer et transmettre. Elles peuvent être enregistrées directement dans le fichier, à l'aide d'un gestionnaire d'images, avant toute diffusion.

Les quatre types d'informations essentielles

Les outils que vous emploierez et les besoins d'information de vos publics seront peut-être modestes mais, sans faire trop de théorie, explorons le « souhaitable » avant d'établir des règles du « possible », cela vous aidera à toujours trouver une juste règle, quels que soient les moyens dont vous disposerez.

Dans le but de communiquer des documents correctement identifiés, imaginons qu'ils soient toujours accompagnés d'une somme d'informations aux utilités diverses et complémentaires que l'on peut répartir en quatre domaines : documentaire, technique, juridique et celui relevant de la sécurité de vos images. Le schéma ci-dessous illustre cette somme.

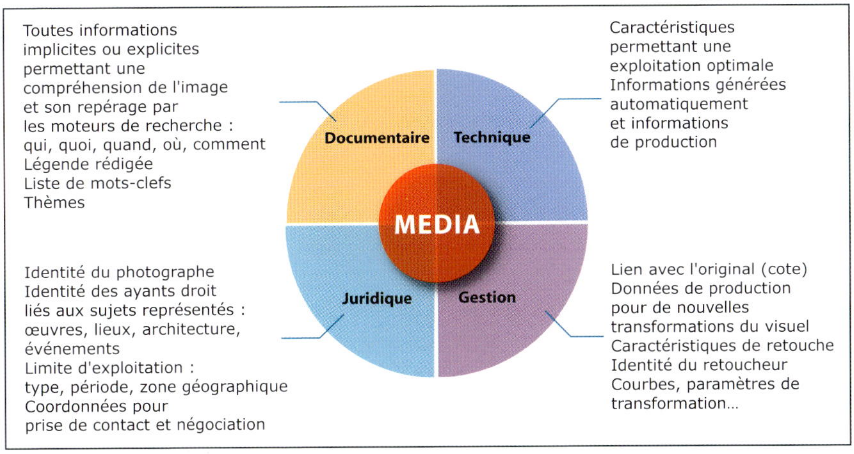

Identification d'un objet numérique.

Documentaire : « ce que je vois et comprends »

L'information de type documentaire permet l'identification de la photographie pour ce qu'elle représente de manière implicite ou explicite. Une description objective semble nécessaire. Elle s'enrichit des apports de l'auteur, décrit le vrai sens ou le sel de la situation, apporte parfois une sorte de révélation de l'image. Cela dépendra du public visé mais, dans le contexte d'un réseau communautaire de photographes, vous serez tenu par une structure de rubriques et vous devrez en tenir compte. Ensuite, vous commenterez vos images en fonction des publics visés.

- **Titre**. Il est lapidaire. Il résume la légende ou le nom du reportage, et souvent sous-titre la vignette dans une mosaïque pour faciliter la compréhension rapide d'un lot d'images.
- **Légende**. C'est une somme d'informations rédigées, destinées à être reprises en toute fiabilité pour la publication. Elle est constituée d'informations originales ou de reprise de données d'autres champs : date, lieu, pays, personnalités, etc., et répond de façon basique aux questions : Qui ? Quoi ? Comment ? Pourquoi ? Quand ? Où ?
- **Les mots-clefs**. Ils identifient l'image. La somme des mots-clefs constitue un lexique qui devient un outil d'identification et de recherche dans un système d'information. S'il est constitué « au fil de l'eau », ce lexique est révisé régulièrement, mais cela peut être fastidieux ; il faut se méfier, par exemple, des synonymes. Réviser ce lexique, quand c'est nécessaire, permet de « resserrer » le nombre des mots. L'idéal est cependant de mener une réflexion préalable pour élaborer une base de vocabulaire maîtrisé. Initialement, l'indexation d'une collection dépend de ses particularités (typologie) et du profil des consultants (culture), de leurs comportements et de leurs connaissances. Désormais, le choix des mots pour identifier une image est lié à la publication sur le Web. La culture est globale et les mots utilisés sont ceux de tout le monde. Cela nous amène souvent à indexer d'une manière pragmatique, c'est-à-dire moins spécifique. Si vous voulez voir vos images identifiées par les consultants, vous devez imaginer les types d'interrogations qu'ils se poseront, donc les mots choisis pour la recherche et l'indexation de vos images en fonction des résultats de cette réflexion. Cela revient souvent à être un peu en décalage avec les pratiques professionnelles de la gestion documentaire. Par exemple, si un moteur de recherche est sensible aux accents, vous aurez peut-être intérêt à saisir deux fois un mot, avec et sans accent.
- **Le thésaurus**. C'est un dictionnaire de termes hiérarchisés qui favorise l'organisation des images. Les informations citées précédemment caractérisent chaque photo ; ici, nous les organisons. En hiérarchisant les termes appliqués à l'image, l'organisation rend compte de la structure d'une collection et la caractérise ; elle guide à la fois les tâches d'indexation et de recherche.
- **La thématique**. Il s'agit d'un plan de classement de vos images en catégories ou thèmes, sur un ou plusieurs niveaux. C'est une version simplifiée du thésaurus. Si votre logiciel de gestion d'images le permet, en répartissant vos images en catégories, vous allez progressivement construire un système documentaire qui vous sera propre et qui facilitera l'approche des utilisateurs ; il permettra de faire comprendre les contenus de votre photothèque et leur répartition. Vous allez ainsi construire un ensemble cohérent et communiquer sur son contenu et son mode d'organisation. Il est extrêmement pratique, lors de l'exploration d'un fonds, de comprendre rapidement cette logique d'organisation. Sur Flickr, par exemple, site de partage commu-

nautaire, il est possible d'organiser les images en albums, eux-mêmes contenus dans des classeurs ; une organisation déjà sophistiquée.

- **Le nom du fichier**. Certains systèmes considèrent que le nom du fichier importé est le titre de l'image. On aura intérêt, dans ce cas, à renommer le fichier avec une synthèse de la légende. Mais ce n'est pas si simple puisque les publics de Flickr ou de Picasa sont principalement anglophones, donc faut-il un titre en français ou en anglais ? À vous de décider !

Conseils typographiques

Les mots-clefs sont des informations destinées aux moteurs de recherche. Vous devez les saisir au singulier, sans majuscule en début de mot. Ils sont à séparer par une virgule, puis un espace.

Densité de l'information documentaire

Aux origines des développements spécialisés dans la gestion documentaire, l'indexation n'offrait qu'une recherche en aveugle, c'est-à-dire sans visibilité des documents. Il convenait alors de décrire précisément l'image et d'apporter le plus d'informations possible pour permettre non seulement des recherches fructueuses, mais des résultats les plus pointus possible. On parlait de « bruit » pour des propositions comportant des visuels plus ou moins hors sujet.

Les systèmes de gestion utilisés depuis vingt ans permettent une visualisation des documents ; on peut donc se permettre de pondérer une indexation exhaustive traditionnelle en tenant compte du phénomène de reconnaissance par l'œil humain. Autrement dit, il vaut mieux ne pas apporter trop de précisions redondantes avec l'analyse et la compréhension visuelle : préférer, par exemple, « La fête du septième anniversaire de Paul » à « Paul tenant un ballon rouge ». Il est en effet inutile de préciser l'évidence, sauf si cela doit être un critère de recherche « métier », préalable à la visualisation.

Indexer nécessite beaucoup de temps ; il faut donc évaluer l'efficacité d'une indexation précise et peut-être jugerez-vous cela trop ambitieux. Ainsi, si vous apportez peu de précision, la recherche sur un mot générique (« arbre », par exemple) donnera un résultat plus large que si vous choisissez un terme précis (« cèdre du Liban »). C'est à vous d'évaluer le type d'interaction avec votre public (en fait, l'idéal serait d'indiquer ces deux termes). Pour l'anecdote, certains logiciels professionnels peuvent aujourd'hui gérer jusqu'à 150 rubriques !

En résumé, l'image ne se suffit pas à elle-même, mais c'est à vous de juger de la précision que vous apporterez au lecteur. Photographies de portrait, de paysage, d'architecture ou d'événement, vous devez analyser l'image et décider de l'ajout d'informations qui révéleront un peu du contexte de prise de vue et un peu de vous-même. Vous allez enrichir une simple empreinte photographique de sentiments qui aideront à la compréhension des individus et des choses.

Vous agirez ainsi de telle sorte que cette image ne sera pas celle de tout le monde, vous ferez acte d'auteur. Évidemment, si le résultat a en plus une valeur artistique, elle se distinguera réellement des centaines de milliers d'images générées au quotidien sur notre belle planète.

Exemple d'indexation

- **Titre** : malette Phonodiff, 1931.
- **Légende** : malette phonographe de conception et de fabrication française datant de 1931. Système révolutionnaire de lecture par la mise en vibration de la membrane en carton d'un diffuseur par l'intermédiaire d'un ensemble de leviers : aiguille, câble et membrane vibrante. Le brevet avait été racheté pour être enterré par une grande marque, également française. Modèle de luxe laqué, imitation ronce de noyer. Ancienne collection Marie-Claude Steger.
- **Mots-clefs** : 1931, 78 tours, 78 rpm, acoustique, disque, invention, Phonofiff, phonograph, phonographe, record, standard record.

Technique : « ce que je peux en faire »

Image | EXIF | XMP | Commentaires

Titre de l'image :	Marbre antique, détail, épaule, musée archéologique de Naples, Italie
Fabriquant :	NIKON CORPORATION
Modèle :	NIKON D1
Orientation de l'image :	1
Résolution en X :	72.0 ppi (pixels par pouce)
Résolution en Y :	72.0 ppi (pixels par pouce)
Unité de résolution :	Pouce
Logiciel :	Adobe Photoshop 7.0
Date et heure du fichier :	2008:03:13 14:35:31
Auteur :	Daniel Hennemand
Note de Copyright :	photogestion.com
-- Infos EXIF IFD --	
Temps d'exposition :	1/125 s
Nombre F :	11.0
Programme d'exposition :	Programme normal
Version Exif :	0210
Date/heure création des données originales :	2005:08:17 11:42:07
Date/heure création des données numériques :	2005:08:17 11:42:07
Signification de chaque composant :	YCbCr
Mode de compression de l'image :	4.0
Biais d'exposition :	0.0
Ouverture lentille maximale :	3.4 APEX = F3.2
Mesure de lumière :	Motif
Longueur de focal lentille :	60.0 mm
Commentaires utilisateur :	48 octets
Date et heure :	11
Date et heure de l'original :	11
Date et heure de numérisation :	11
Version compatible Flashpix :	0100
Espace couleur :	Non calibré
Largeur de l'image en pixels :	794
Hauteur de l'image en pixels :	540
Mode de détection :	Capteur couleur mono CCD
Fichier source :	Réservé
Type de scène :	Réservé
Motif CFA :	
-- Vignette IFD --	
Schéma de compression :	JPEG
Résolution en X :	72.0 ppi (pixels par pouce)
Résolution en Y :	72.0 ppi (pixels par pouce)
Unité de résolution :	Pouce
Décalage avant début d'image JPEG :	882
Nbre d'octets de données JPEG :	2304

Fenêtre des informations EXIF d'un fichier JPEG, du logiciel convertisseur Graphic Convertor.

Les informations techniques sont indispensables à l'exploitation de vos images. Elles délimitent les possibilités d'utilisation en vous informant sur les caractéristiques du fichier. Par exemple, par la communication du poids d'un fichier et de sa résolution, elles vous informent sur les dimensions maximales que vous pouvez obtenir en conservant une bonne qualité.

Ces informations sont de plusieurs types : soit elles sont générées automatiquement par le boîtier de prise de vue, en obéissant au standard EXIF, soit elles sont saisies par vous à l'aide d'un logiciel de retouche comme Photoshop ou d'un gestionnaire d'images (voir le chapitre « Comprendre les métadonnées » p. 75). Voici un exemple de données EXIF, inscrites automatiquement : poids du fichier, date de prise de vue, standard d'enregistrement, taux de compression, espace colorimétrique, focale utilisée, coordonnées GPS pour certains équipements. Ces informations EXIF ne sont pas toutes utiles ; certaines sont destinées au traitement automatique lors du tirage. Ainsi, l'indication de l'utilisation ou non du flash permet, par exemple, le réglage des tireuses automatiques au niveau du contraste.

Juridique : « ce que j'ai le droit d'en faire »

L'information de type juridique concerne l'identité de l'auteur, les limites d'exploitation permises par celui-ci et le nom des personnes représentées, si un accord de diffusion a été signé. N'oubliez pas de préciser les restrictions d'utilisation que vous voulez imposer aux futurs utilisateurs éventuels et les moyens de vous joindre.

Beaucoup d'auteurs se trouvent floués de leurs droits lors d'une utilisation plus ou moins autorisée de leur production. Pourtant, un grand nombre d'images ne comportent pas d'informations sur l'identité de l'auteur et ses coordonnées pour une demande d'autorisation d'utilisation ou d'achat. Les agences elles-mêmes gèrent mal cette notion sur le Web et se contentent de tatouer l'image. Vous pouvez saisir votre courriel, en plus de votre nom, dans le champ « Auteur » (voir « Comment contrôler ses images ? » p. 112). Une image publiée sur le Web doit toujours être une chance de dialogue avec une communauté ou un acheteur potentiel.

	Juridique
Auteur :	**Agence VU**
Droits :	**Agence VU Denis Darzacq, Hida Hshu, Stéphane Janin, Déborah Metsh - Droits réservés**
Observations :	**Droits réservés - Interne Usage externe : contactez la direction de la communication**

Informations nécessaires au respect du droit d'auteur.

Gestion : « où sont les originaux ? »

Les informations de gestion sont liées à la sécurité et à la traçabilité du fichier. Cela répond à plusieurs besoins.

- Retrouver un original : vous avez redimensionné votre fichier avant de l'importer, vous avez donc d'un côté l'original à un certain poids (60 Mo) sous un certain standard (TIFF) et un fichier de diffusion (20 Mo/JPEG). Vous devez pouvoir retrouver le fichier original pour des nouvelles utilisations nécessitant les performances originales. Pour cela, indiquez l'emplacement et le nom du support d'archive (nom du CD-Rom) et le nom du fichier de cet original.

- Reproduire une retouche : vous avez réalisé un travail de retouche assez complexe ; l'archivage des paramètres vous permettra de reproduire fidèlement les effets. Ceci doit être fait en fonction des logiciels utilisés qui peuvent eux-mêmes mémoriser les paramètres (Identifier les courbes, présences des calques, etc.).
- Réaliser un nouveau tirage identique : vous avez réalisé vous-même un tirage d'exposition ou avez confié votre fichier à un professionnel pour une impression d'art. Vous aurez intérêt à mémoriser les conditions de production : indiquez la référence du fichier fourni ou celle du fichier restitué si vous l'avez récupéré, à moins que le tireur ne l'ait conservé, car il contient tout le savoir-faire du tireur, les masques, les calques, etc. Indiquez aussi les dimensions du tirage, le type de papier, etc., toutes informations permettant d'obtenir un résultat semblable.

Utiliser les métadonnées

Si vous importez des fichiers issus d'un appareil numérique ou si vous récupérez des images contenant déjà des informations documentaires, vous avez intérêt à récupérer certaines données. Cela vous évitera de ressaisir, par exemple, la légende, le titre, le nom de l'auteur, s'ils ont déjà été importés dans le fichier. Ultérieurement, lorsque vous exporterez et communiquerez des images, il sera utile d'enregistrer au préalable, au sein même du fichier, certaines informations.

Pour exploiter ces informations dans Photoshop, par exemple, sélectionnez, dans la barre de menus Fichier, l'option Informations : vous aurez accès à toute une liste de données dont certaines seront utiles à votre travail d'indexation.

- Les informations enregistrées automatiquement par l'appareil photo numérique (standard EXIF) : date de prise de vue, diaphragme et focale utilisés, flash (oui/non). La plupart des logiciels permettent aujourd'hui de lire ces informations. En option, certains boîtiers enregistrent les cordonnées de type GPS, utiles, par exemple, pour les photographies de repérage où il est indispensable de pouvoir retrouver précisément le lieu de prise de vue. Les sites communautaires comme Picasa et Flickr proposent la géolocalisation, c'est-à-dire la possibilité de situer et lier vos images à des coordonnées géographiques.
- Les informations documentaires existantes ou que vous pouvez enregistrer (standard IPTC ou XMP) avant l'importation dans un logiciel de gestion d'images. Si vous voulez saisir ces informations pour une série d'images et pour ne pas avoir à refaire la même opération plusieurs fois, exploitez la fonction d'exportation/importation de Photoshop. Choisissez l'option Information dans le menu Fichier, puis sélectionnez Enregistrer le modèle de métadonnées à l'aide du bouton situé en haut à droite de la fenêtre. Saisissez un titre et validez. Vous pouvez alors refermer ce fichier, en ouvrir un deuxième et faire l'opération inverse : cliquez sur le même bouton et choisissez dans la liste disponible le titre que vous venez d'enregistrer. Ainsi, toutes les informations documentaires du premier visuel seront intégrées à ce fichier.

Le classement par thèmes

L'utilisation de la thématique participe à l'identification d'un fonds. Une image isolée n'apporte que son contenu, commenté ou non, alors que le même document attaché à une thématique devient un élément d'un ensemble documentaire qui révèle son organisation et le type d'information traitée. Le plan de classement devient ainsi un élément d'information lié à l'image. Sa compréhension facilite l'exploration et l'interrogation du fonds.

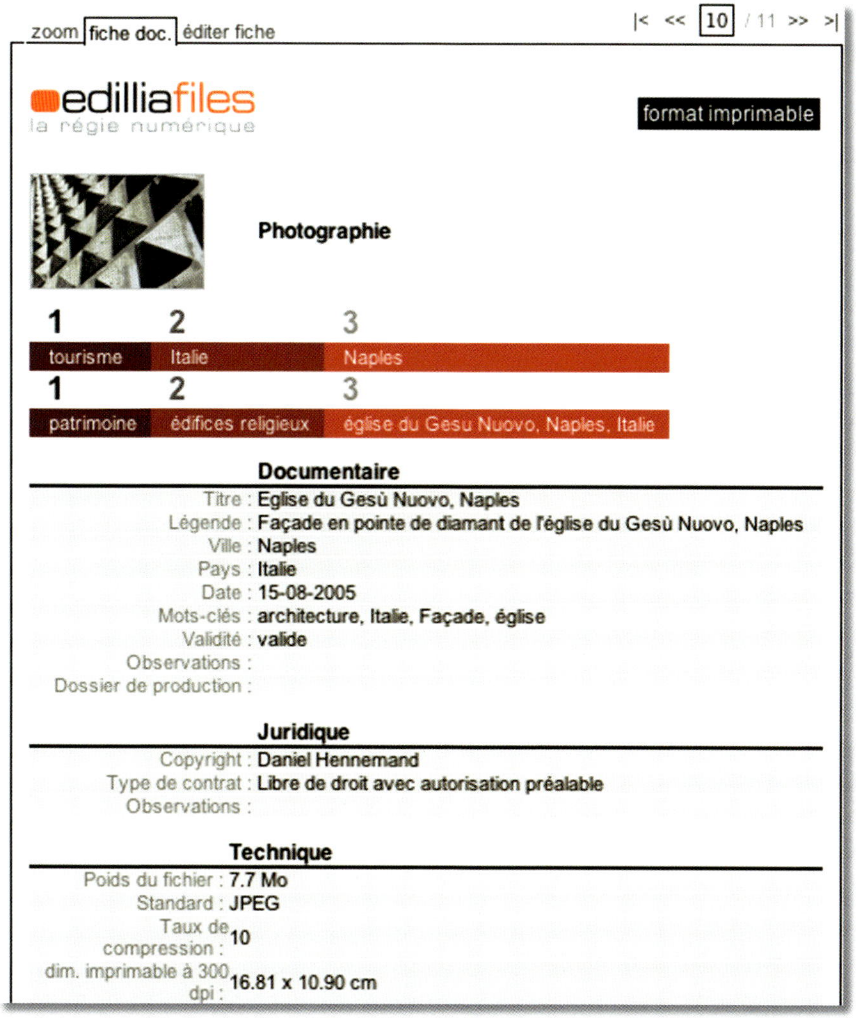

Ici, les thèmes retenus sont de deux types: un esprit «tourisme» (Italie›Naples) et un esprit «patrimoine» (édifices religieux›église du Gesù Nuovo).

Exemples d'images indexées

Exemple 1. Lever le mystère ?

Gesù Nuovo de Naples.

Quoi de plus énigmatique que cette juxtaposition de triangles ? Sans plus de précision, ce n'est qu'une image contrastée et graphique, et c'est peut-être suffisant dans un certain contexte. Si vous désirez communiquer sur votre expérience lors de la prise de vue, la légende doit apporter les informations nécessaires à sa compréhension. Il s'agit d'une façade d'église, à Naples. La surface du mur est composée de « pointes de diamants ». Le style nous apparaît très moderne et cette sobriété est d'autant plus remarquable, que l'intérieur de cet édifice religieux, construit par l'ordre des Jésuites au XVIe siècle, est très riche.

La lecture de cette image peut se faire à un premier niveau, celui des formes graphiques ; la légende apportera les précisions nécessaires. Cela permettra la mise en situation de l'image. Ne pas le faire rend le visuel juste graphique et anonyme. Une autre manière d'apporter de la compréhension à cette photographie est sa confrontation ou son renvoi à des éléments complémentaires, en plan plus large, ou par une vue de l'intérieur du bâtiment. Si le gestionnaire d'images ne propose pas cette fonction de renvoi, vous pouvez toujours le signaler en observation. Ici, la première image renvoie aux deux autres ci-dessous.

Gesù Nuovo de Naples, façade détail, plan élargi et intérieur.

Exemple 2. Une image simple à indexer ?

George s'amuse devant la boutique de Marie-Claude Steger à Saint-Ouen en septembre 1999.

Historique de l'image. George est le fils de mes amis Charlotte et Jalal. Aux anges, il joue avec un tuyau d'arrosage sous des tréteaux. Cela ne se voit pas, mais l'enfant évolue devant le magasin d'une amie commune à Jalal et à moi-même, Marie-Claude Steger, restauratrice de machines anciennes, phonographes à disques et à cylindres. Cela ne se voit pas non plus, mais ce magasin est situé près des Puces de Saint-Ouen, près de Paris. Les informations EXIF du fichier me permettent de dater l'image : 11/09/1999.

Version simple familiale
Titre : George arrose !
Légende : George, devant la boutique de Marie-Claude, joue avec le tuyau d'arrosage, septembre 1999.
Mots-clefs (tags) : George, Marie-Claude Steger.

Version « communautaire »
Légende : En visite chez Marie-Claude Steger, George en profite toujours pour jouer avec le tuyau d'arrosage du magasin.
Mots-clefs (tags) corrects : enfant, sourire, jeu, eau.
Mots-clefs (tags) improbables : France, Paris, Puces, Saint-Ouen.
Bon nombre de webmasters attachent des mots-clefs populaires à des visuels avec lesquels ils n'ont aucun rapport, dans le but d'attirer les moteurs de recherche.
On voit donc que l'on peut rédiger une légende pour une utilisation familiale ou communautaire, le texte rédigé pour les proches sera différent de celui adressé à un plus vaste public. La légende « publique » doit être rédigée après avoir défini préalablement la cible

visée. Si je désire situer l'image dans un contexte objectif d'activités humaines, je vais choisir des mots simples commentant l'image : enfant, jeux, sourire, plaisir, etc. Si je veux « accrocher » le plus possible et être visible, puisque l'image sera proposée par les moteurs de recherche, je serais tenté de choisir des mots populaires, tels que Paris, Puces, Saint-Ouen. Mais là, de toute évidence, ce serait inapproprié. Enfin, pour accroître la visibilité de cette image, je pourrais l'indexer en deux langues : français et anglais. En résumé, nous pourrions proposer la rédaction française suivante pour une utilisation familiale.

Titre : George arrose !

Légende : George s'amuse devant la boutique de Marie-Claude, Saint-Ouen, sept. 1999.

Mots-clefs (tags) : George, enfant, sourire, jeu, eau.

Organisation/thématique : photos personnelles/les amis.

Auteur : Daniel Hennemand

Droits : pas d'utilisation sans autorisation

Coordonnées : dhennemand@photogestion.com

Exemple 3. Complexité apparente

Gramophone paradise.

L'image ci-dessus, dense, est en fait relativement facile à classer, car le thème est unique, même si un choix riche de mots-clefs peut être choisi.

Légende : magasin spécialisé dans la restauration et la vente de phonographes anciens, à disques ou à cylindres. Marie-Claude Steger, Saint-Ouen, près Paris, France, mcs@phono.org.

Mots-clefs (tags) : cylindre, disque, magasin, musique, pavillon, phonographe, restauration, cylinder, standard record, showroom, music horn, phonograph, restoration.

Organisation/thématique : musique/constructeurs d'appareils/marchands restaurateurs.

Auteur : Daniel Hennemand

Droits : mention obligatoire de l'auteur

Coordonnées : dhennemand@photogestion.com

Renvoi à : on peut conseiller au lecteur de se reporter à d'autres images.

La maison Steger, à Saint-Ouen, France. Mairie-Claude Steger est la restauratrice la plus généreuse du monde du phonographe et du disque 78 tours (www.78tours.com).

Exemple 4

Un ange en altitude!

Légende: église Saint-Eustache, vitrail de la nef près de la tribune de l'orgue, verrière supérieure, tête d'ange, détail, Paris, France.

Mots-clefs (tags): Paris, France, vitrail, Saint-Eustache, ange, halles, regard, strabisme, church, stained glass, angel, squint.

Organisation thématique:

1. architecture/religieuse/vitraux
2. patrimoine/édifice religieux/église Saint-Eustache, Paris

Auteur: Daniel Hennemand

Droits: mention obligatoire de l'auteur

Coordonnées: dhennemand@photogestion.com

Renvoi à: on peut conseiller au lecteur de se reporter à d'autres images.

Église Saint-Eustache, vitrail de la nef, près de la tribune de l'orgue, verrière supérieure, motif de fruits, détail, Paris, France.

L'image mystère

Voici un bel exemple d'image nécessitant un apport d'informations. Comment comprendre et décrypter ce document sans une nécessaire légende qui va faire la lumière sur la scène anonyme et mystérieuse représentée ?

Un mariage masqué, le jour du Mardi gras, à Mur-de-Bretagne, entre 1910 et 1920. Photographie de Georges Udo, collection Rolande Guilloux.

5 Comprendre les métadonnées

Les métadonnées sont des informations destinées à décrire un document afin qu'il soit exploité par différents systèmes : logiciel de retouche, base de données, blog, etc. Elles donnent des informations sur le document (titre, description, mots-clefs, auteur, droit géré...) et sur ses conditions de réalisation (date, heure, focale...). Lorsque vous téléchargez une image à partir d'un site, vous pouvez lire ces données dans votre logiciel de retouche, comme Photoshop, ou dans votre gestionnaire d'images. Les métadonnées peuvent être soit intégrées au fichier – on dit dans ce cas qu'elles sont « embarquées » –, soit enregistrées dans un fichier d'accompagnement, soit dans le système d'information lui-même.

Le principe des métadonnées numériques a été adopté par beaucoup d'éditeurs de logiciels : Word de Microsoft ou Acrobat d'Adobe, par exemple, insèrent des informations dans leurs fichiers. Malheureusement, jusqu'à présent, la cohérence n'est pas de ce monde et chaque éditeur, dans chaque domaine, a sa manière d'accompagner le document d'informations de ce type. Pour ce qui nous occupe, la photographie et plus généralement, les arts graphiques (c'est-à-dire jusqu'à l'impression, en passant par la retouche), l'éditeur Adobe a fait un gros travail d'uniformisation.

Les informations IPTC

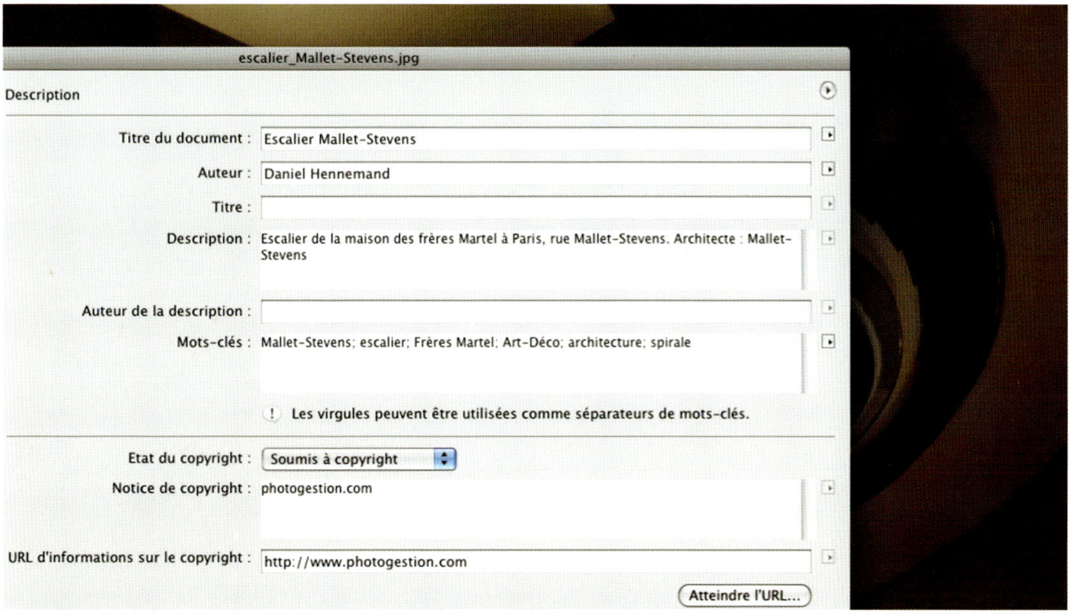

Exemple d'informations enregistrées dans un fichier JPEG ouvert dans Photoshop.

Ce standard a été proposé en 1965 par *l'International Press and Telecommunications Council* en réponse à la nécessité de transmettre des images correctement documentées à la presse. On a donc élaboré un schéma avec une structure documentaire, comprenant une trentaine de rubriques, dont les principales sont : titre, légende, copyright, date, mot-clefs. On peut avoir un aperçu de l'utilisation de cette norme dans Photoshop, par exemple, en allant dans le menu Fichier>Informations... Les informations que vous y trouverez ou que vous y saisirez seront enregistrées dans vos fichiers images, aux formats TIFF, BMP, PSD ou JPEG...

L'utilité de l'IPTC est de lier à un document des informations indispensables à sa compréhension et à son exploitation lors de sa communication, ces informations pouvant être modifiées ultérieurement.

Les informations EXIF

EXIF signifie *Exchangeable Image File* (voir le site www.exif.org). Ce sont des informations renseignant sur les conditions de prises de vue numériques : date, heure, diaphragme, vitesse, focale utilisée. Elles sont générées automatiquement lors de l'enregistrement du fichier. Chaque fabricant respecte plus ou moins le schéma de données (c'est-à-dire une liste d'informations techniques organisées) initial proposé par l'EXIF.

Complémentarité des données

Dans le cadre de l'IPTC, les données sont générées manuellement, alors que les informations EXIF sont automatiquement inscrites dans le fichier image, même si le photographe peut programmer manuellement certains champs dans son boîtier, comme son nom ou le nom du reportage. Ces deux séries d'informations peuvent être partiellement ou totalement réunies pour documenter l'image dans un système d'information (gestion d'une photothèque ou système d'information global).

Nous assistons à une évolution intéressante des standards avec l'XMP proposé par Adobe depuis 2001. Basé sur le langage XML et sur une terminologie normalisée, il pourrait fédérer l'ensemble des systèmes de gestion des métadonnées liées aux arts graphiques. Un fichier pourrait donc être renseigné avec la même structure de métadonnées, quelle que soit son origine. Cela concerne les formats TIFF, JPEG, JPEG 2000, GIF, PNG, HTML, PDF, AI, SVG/XML, PSD et PostScript.

Les principales avancées dans ce sens sont :

- la gestion du multilinguisme (l'IPTC pose problème à ce niveau) ;
- l'extension des champs (qui ne sont plus limités à un nombre de caractères) ;
- la création de champs spécifiques et de métadonnées propres à un univers, permettant de renseigner précisément des documents par des rubriques spécifiques à une communauté d'activités (santé, industrie, recherche...) ;
- la gestion de la géolocalisation, qui est une information de plus en plus exploitée sur les sites communautaires, mais aussi par des applications professionnelles (urbanisme, voirie, archéologie...).

Certaines données IPTC, XMP et EXIF sont redondantes et les champs correspondants ne portant pas les mêmes noms. C'est affaire de temps pour que les doublons disparaissent et que nous obtenions un schéma unique cohérent.

En résumé

Les métadonnées apportent la sécurité de communication à vos documents. Une image sans métadonnées est anonyme, coupée de son environnement d'origine : nul ne pourra l'identifier, en comprendre réellement le contenu ou remonter aux sources pour d'éventuelles négociations. Il faut avoir cependant conscience que ces informations pourront être modifiées par un tiers ou effacées par un automate de traitement d'images, ce qui est toujours regrettable.

Un fichier enrichi est comme une bouteille à la mer ! Dans l'océan d'Internet, chaque fichier « retrouvé » et lu, peut être tracé par tout utilisateur, hors du contexte de tout système d'information, base de données et site communautaire.

Interview : Patrick Peccatte

Le philosophe des métadonnées de l'image.

Patrick Peccatte, mathématicien de formation, possède la double compétence d'informaticien et de documentaliste. Cette expertise l'a fait connaître comme l'un des meilleurs spécialistes des métadonnées appliquées à l'image et aux métiers de la presse.

L'intérêt de l'échange qui suit est de comprendre la mise en pratique de ces techniques au processus d'exploitation et de conservation de l'image. C'est aussi l'occasion de recevoir un message pragmatique d'un professionnel de la documentation face à la popularité grandissante des sites de partage comme Flickr.

Pouvez-vous résumer vos différentes activités professionnelles ?

À l'origine, j'ai enseigné les mathématiques, mais je me suis rapidement orienté vers le développement informatique et j'ai fondé mon entreprise. Soft Experience est éditeur de logiciels, spécialiste des tâches d'intégration et d'automatisation ainsi que des technologies XML appliquées aux domaines du texte et de l'image numérique.

Citons deux produits : Kalimages, pour la gestion d'images et l'exploitation des métadonnées IPTC et XMP, dont il existe deux versions, personnelle et professionnelle, et GeoIPTC, destiné à la géolocalisation des images, toujours en s'appuyant sur les métadonnées IPTC et XMP.

Votre double casquette de développeur et de documentaliste vous permet-elle de faire comprendre l'esprit des métadonnées ?

Les métadonnées sont des informations structurées décrivant une ressource. Ici, nous parlons d'image fixe, mais cela peut concerner tout document, tout objet à documenter, comme les vidéos. Sans cette information, le document est anonyme. On parle de métadonnées embarquées ou externes aux documents.

À l'origine, l'IPTC a été créé en 1965 pour standardiser des moyens de description et d'échanges des images destinées à la vente à la presse. Le fait que l'éditeur Adobe ait adopté partiellement ce modèle en 1994 a aidé à le populariser dans le monde des arts graphiques et de l'image en général. Brièvement, ce modèle permet d'enregistrer au sein du fichier image une trentaine d'informations destinées à l'identifier telles que le titre, la légende, la date, le nom de l'auteur ou les mots-clefs. Depuis, d'autres métadonnées sont apparues : les EXIF, nées d'un consortium de fabricants d'appareils photos numériques, et l'XMP, toujours proposé par Adobe, qui ouvre des horizons nouveaux.

Aujourd'hui, ces métadonnées sont-elles utilisées par tout le monde ?

Pas toujours, à cela plusieurs raisons. D'abord, la disponibilité d'un outil ne doit pas faire oublier que la documentation d'une image est affaire de spécialistes. La saisie d'informations n'est pas toujours réalisée par des professionnels et c'est bien dommage. On voit de tout ! Par exemple, sur une série d'images de Nicolas Sarkozy, le photographe indexe par lots cinquante images avec le mot-clef « Sarkozy », alors qu'il n'est représenté que sur trois d'entre elles. Le résultat est que quarante-sept images ont une légende erronée. Une autre aberration : le traitement des mots fléchis (caractères accentués, note de l'auteur) réalisé en doublant la saisie, avec et sans accent, pour mieux être reconnu par les moteurs de recherche, etc.

La structure IPTC est figée et limitée ; elle comprend une trentaine de champs au nombre de caractères limité et est inadaptée aux descriptions multilingues. En cela, elle ne peut pas satisfaire la gestion de certains types de collections. Beaucoup de fonds (l'archéologie, l'espace, le médical...) ont besoin de beaucoup plus de rubriques pour indexer leurs documents. De plus, les accents sont mal gérés. Alors que l'IPTC traitait initialement les caractères accentués, Adobe, lors de son implémentation, a ignoré ces aspects des langues « non anglaises », les accents créent donc des problèmes, entre autres dans la communication d'une saisie sur Mac exploitée sous Windows. Devant ce constat, Adobe a proposé en 2001 un nouveau standard, l'XMP, qui présente de nombreux avantages.

- Il utilise une version simplifiée d'un nouveau schéma basé sur le standard XML.
- Il s'appuie sur une terminologie commune aux communautés concernées, Dublin Core, qui est une norme de description de ressources.
- Il permet la réalisation de schémas métier, c'est-à-dire qu'il permet la création de champs spécifiques d'une longueur variable (d'où le nom « eEXtensible Metadata Platform » !).
- Certains champs peuvent être multilingues.
- Il intègre des données aujourd'hui précieuses, comme les coordonnées pour la géolocalisation.

Vous avez mis en pratique ces connaissances en traitant un fonds photographique : parlez-nous de PhotosNormandie

PhotosNormandie (visible sur Flickr : www.flickr. com/people/photosnormandie) est un projet né en 2007 visant à solliciter des utilisateurs d'Internet pour améliorer la description d'une collection thématique sur la bataille de Normandie, en s'appuyant sur l'outil communautaire Flickr. Cette collection, issue des Archives nationales des États-Unis et du Canada, illustre la période entre le 6 juin et la fin du mois d'août 1944. Elle a été également mise en ligne par le Conseil régional de Basse-Normandie, grâce à une autorisation de diffusion gratuite, mais obligatoirement créditée (libre de droits). Cette collection, correctement numérisée, présentait des imperfections au niveau documentaire ; l'idée était donc de faire appel à la communauté pour ce que l'on appelle « redocumentariser » l'ensemble.

Nous avons créé un groupe spécifique sur Flickr et déposé 2 763 images en haute définition après avoir enrichi les fichiers des métadonnées aux standards IPTC/XMP. En utilisant la fonction de commentaire de Flickr, nous recueillons aujourd'hui encore, les observations de personnes concernées par ces documents. Mon rôle est de centraliser régulièrement ces données qui, une fois vérifiées, sont reversées dans les métadonnées du document, puis à nouveau déposées sur le compte Flickr. Ce dernier ne gère pas les IPTC/XMP, aussi nous utilisons son API (*Application Programming Interface*, bibliothèques de programmes destinées aux développeurs afin de gérer des fonctions particulières) pour extraire les modifications.

Flickr est-il l'outil idéal ?

Flickr a été retenu pour ce projet pour certaines performances liées à nos besoins d'échanges collaboratifs ; nous l'utilisons à notre façon.

D'un côté, il n'exploite pas les métadonnées comme il conviendrait dans une application professionnelle. De l'autre, des applications de gestion documentaire sont actuellement opérationnelles pour gérer les métadonnées au standard XMP, mais sans inclure ce type de processus collaboratif, indispensable à une opération de redocumentarisation. Une application reste donc à développer et nous en étudions actuellement la faisabilité et recherchons des partenaires.

Le blog de Patrick Peccatte : blog.tuquoque.com

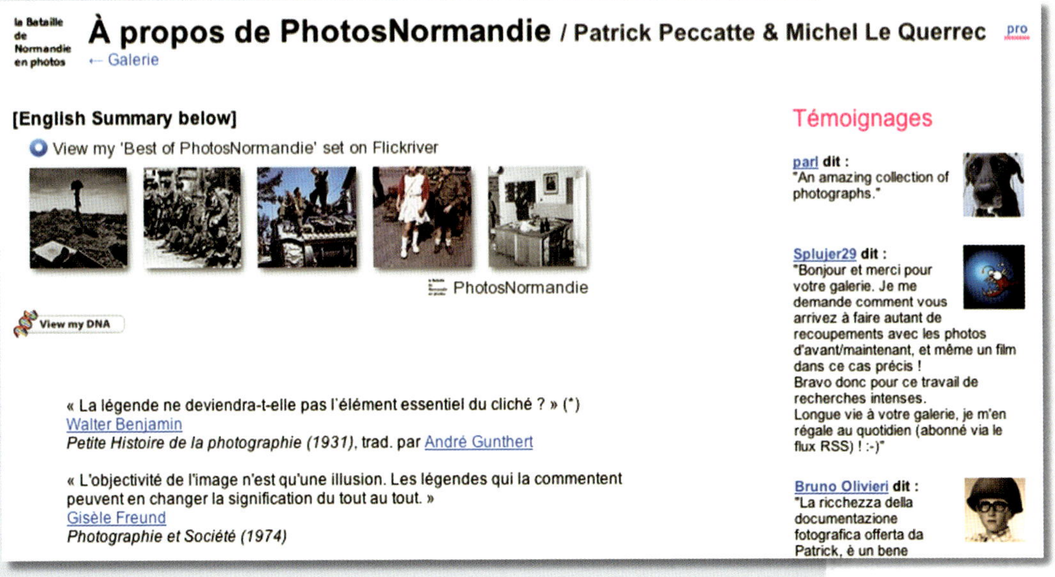

Page d'accueil du groupe PhotosNormandie de Patrick Peccatte et Michel le Querrec sur Flickr.

6 Les solutions professionnelles de gestion d'images

Histoire et (r)évolution des métiers

Jusqu'aux années 1970

À l'origine était le chaos, c'est-à-dire, les boîtes à chaussures ! Dans les services de communication, c'était cocasse mais habituel. Les budgets permettaient de produire en grand nombre ; on utilisait une image parmi cent et l'on archivait la totalité pour d'éventuelles nouvelles utilisations. Il y avait ainsi le « premier choix » et le « second choix ».

Les professionnels du document ont alors inventé la gestion des photothèques d'entreprise, au départ à l'aide de fiches en bristol répartis en plusieurs index. Plusieurs fichiers étaient construits. Chaque fichier constituait une « entrée » : il renvoyait à la totalité des documents, mais selon une thématique différente ; par exemple, on trouvait un fichier où les références des documents étaient triées par personnalités, un second par événements, l'un pouvant renvoyer à l'autre. On effectuait ainsi des recherches sur plusieurs thèmes ou domaines, par activité, par lieu, par photographe... On accédait ensuite à l'image au moyen d'une cote, lien indéfectible entre la référence de la fiche, ancêtre des métadonnées, et le lieu physique où trouver le document (ce qui était déjà l'objectif principal !).

Les années 1980

Avec la micro-informatique sont nés les systèmes dédiés pour répondre au développement des grandes photothèques d'entreprise où tout devait être illustré. Ces systèmes étaient onéreux, car développés pour peu de clients ; ils étaient le fruit de la réflexion d'ingénieurs, de professionnels de la communication, de photographes ou, d'une manière plus spartiate, de l'informatique de gestion !

L'univers du Macintosh prévalait, communiquant nativement en mode graphique, mais les solutions étaient souvent spécifiques et non adaptées aux normes de l'entreprise. Elles apportaient cependant un réel gain de temps en recherche dans une collection. Les programmes de gestion d'images permettaient enfin de visualiser l'image, une vraie révolution ! Les recherches croisées, sur plusieurs entrées, étaient possibles : portraits, paysages, caractères, industrie... Les responsables de photothèques, acquerrant ainsi une vision globale de leur fonds, pouvaient mieux répondre aux demandes d'illustration. Tout ceci n'était possible qu'après l'organisation et le financement d'une lourde étape de numérisation, évidemment.

Ces systèmes étaient soit destinés à un unique administrateur, soit organisés en réseaux. Dans ce cas, chaque ordinateur était équipé d'un logiciel de photothèque « client », satellite du logiciel photothèque serveur dédié. Il fallait acheter autant de licences qu'il y avait de d'ordinateurs devant accéder à la photothèque.

Les années 1990

Les acteurs de l'informatique d'entreprise ont investi ces métiers. Les éditeurs historiques ont dû aborder l'univers Windows pour être acceptés par le monde de l'entreprise et généraliser le fonctionnement en réseau.

Les années 2000

Avec Internet, un nouveau protocole de communication se généralise : les réseaux IP (*Internet Protocol*), système d'adressage unique pour tous les terminaux.

Les éditeurs de logiciels spécialisés doivent poursuivre leur progression, mais ils sont concurrencés par les acteurs de l'information globale de l'entreprise (gestion, comptabilité…). Il faut de plus en plus promouvoir les connaissances des métiers de l'image pour valoriser de réels savoir-faire et rester dans la course.

Une nouvelle évolution se produit : la rationalisation amène les entreprises à supprimer certains services techniques. Cette réorganisation oblige les éditeurs à mettre au point de nouvelles offres de services externalisés (ASP : *Application Service Provider*, SaaS : *Software as a Service*).

Côté image, les techniques numériques montrent de réels progrès. Les agences d'illustration, quant à elles, développent de nouvelles offres : outils de consultation performants, images « libres de droit » prêtes à l'emploi, à la tarification forfaitaire. Au prix d'un risque d'appauvrissement de l'illustration, certains acheteurs sont attirés par des offres simplifiées et consultent de plus en plus ces sites.

Les constructeurs de réseaux ont couvert le monde de fibres optiques et les professionnels de l'image ont cru un temps pouvoir bénéficier de ces nouveaux flux en inventant de nouveaux commerces. Certains ont massivement investi, dans la production, ou dans les banques d'images ; c'était parole d'expert que de dire : « les tuyaux existent, il faudra bien les remplir ! ». Les agences, elles, se sont regroupées. Le leader des laboratoires pro, Janjac, du haut de ses cinquante années d'existence, rachetait Jacana, célèbre agence animalière. Des investisseurs hors métier ou de grands groupes de presse ont racheté Sipa, Rapho, Sygma, Gamma… Aujourd'hui, les investisseurs s'interrogent ou revendent, Janjac n'existe plus et les propriétaires de Gamma annoncent sa fin prochaine.

Et ensuite…

Les réseaux sociaux surgissent dans le champ de la photographie grand public 100 % numérique. Le partage d'images devient un concept incontournable : MySpace, Facebook, Flickr et Picasa deviennent célèbres et avec eux l'ambiguïté naissante entre le professionnalisme des uns et ce qui n'est encore qu'une vitrine ludique pour les autres.

Le numérique amplifie la production d'images grand public. Celle de la communication d'entreprise se restreint et, avec elle, le chiffre d'affaires des photographes professionnels. La superposition des zones de compétences des acteurs de l'image s'accentue. Chacun pense à faire le métier de l'autre, c'est la condition pour survivre ! On appelle cela la « verticalisation des métiers » : le photographe retouche et indexe parfois, quant il ne livre pas des fichiers en quadrichromie. Le photograveur aborde la retouche « artistique » trois couleurs tandis que l'imprimeur investit dans de nouvelles machines ; le laboratoire photographique aborde les métiers de l'amont et de l'aval, mais perd son cœur de métier…

Les sites communautaires dédiés à l'image se portent de mieux en mieux et accentuent plusieurs phénomènes : l'addiction des internautes renforce leur disponibilité face à la publicité et augmente leurs actes d'achat. Cela accélère la formation de gigantesques gisements d'images, ce qui accentue la popularité de ces sites : le cercle est bouclé !

Une nouvelle étape vient d'être franchie, les agences s'intéressent de plus en plus à la production du grand public. Le leader mondial des agences d'illustration, Getty Images, vient de passer un accord avec un autre leader, Flickr, et ses trois milliards d'images. En même temps, des agences d'actualité se créent pour diffuser la photographie d'amateurs ; l'AFP devient actionnaire a hauteur de 34 % dans l'une d'elles. Le « photoreporter citoyen » est omniprésent, peut être sollicité instantanément et est prêt à monétiser son talent... et sa disponibilité ! L'avenir nous dira si ce schéma parviendra à trouver son équilibre dans une nouvelle économie.

Et l'entreprise dans tout cela ? La valeur de la communication visuelle y est toujours ressentie comme indispensable. L'entreprise a longtemps considéré que son patrimoine, son histoire, sa représentation renforçaient sa légitimité utile à ses actions commerciales. Avec les forts mouvements de concentration dus à la mondialisation, la valeur du patrimoine perd en crédibilité. Les fonds photographiques étaient auparavant considérés, des budgets conséquents étaient accordés à des productions importantes et les outils de gestion d'images devaient être forcément à la hauteur de la mission. Aujourd'hui, les phénomènes de réduction des coûts (mondialisation, sous-traitance...) continuent à se faire sentir, et les grands fonds d'illustrations internes ont vécu leurs beaux jours. Les applications informatiques dédiées à l'image poursuivent pourtant leur progression.

Les éditeurs proposent tous des solutions 100 % Web, les postes ne sont donc plus spécialisés : chaque ordinateur peut communiquer avec la banque d'images et gère de plus en plus de types de médias (photos, vidéos, publications). De nouveaux services et de nouvelles fonctions venant des applications professionnelles ou des comportements grand public sont intégrés : processus collaboratif, gestion des métadonnées 100 % XMP, gestion de liens vers d'autres applications (communication d'informations entre différentes bases de données, par exemple), reconnaissance de texture et de forme, communication avec les cellulaires comme l'iPhone (importation et exportation), etc.

La spécificité de la gestion de l'image est encore évidente, mais elle implique une aptitude à dialoguer avec les systèmes d'information de l'entreprise, ce qui représente pour les éditeurs une nouvelle phase d'investissement.

Sur une période de trente ans, nous avons connu une extraordinaire évolution des techniques (nouveaux outils informatiques, nouveaux types de réseaux, nouveaux moyens de production numérique...), ceci au bénéfice des gestionnaires et des utilisateurs. On ne peut donc que se féliciter de ces progrès. Cependant, la concurrence continue à être rude pour les éditeurs de logiciels spécialisés dans les métiers de l'image. Ils continuent à être confrontés à l'obligation d'évoluer, et donc d'investir, mais dans un contexte de plus en plus international, ce qui nous laisse présager une grande réorganisation du monde de la gestion et de la communication de l'image numérique.

Choses vécues : 50 000 images à mettre au feu !

Sylvia dirigeait le département multimédia de l'entreprise T, fleuron de l'industrie militaire française : treize salariés dédiés à la communication photo, vidéo et multimédia d'une entreprise de 50 000 salariés. « Multimédia » avait dû remplacer « audiovisuel », terme qui avait en son temps détrôné « photothèque ». J'ai rendu visite à cette dame il y a trois ans. Sylvia était dépressive ; on venait de la prier de proposer une liste de collaborateurs à remercier, l'équivalent de la moitié de l'équipe. Après quinze années d'activité, il y avait une grande incompréhension devant ce démantèlement. Arguant des mérites de son service, Sylvia réclama des subsides pour optimiser la photothèque. « Nous avons un fonds riche de 50 000 images », avait-elle expliqué à son supérieur hiérarchique. La réponse fut cinglante : Sylvia s'était entendu dire que cela importait peu et que les 50 000 iraient bientôt « au feu ». Une petite histoire triste pour rappeler combien la mémoire visuelle des entreprises est fragile et souvent peu considérée.
Sylvia m'avait gentiment communiqué les coordonnées de son supérieur. Je le contactais donc un mois après. Sans évoquer les mots tabous de « mémoire d'entreprise », en échangeant sur l'avenir de la photothèque, je commençais à comprendre la vision d'un des directeurs adjoints de la communication d'une entreprise de plus de 50 000 salariés. J'ai entendu mon interlocuteur me préciser qu'il travaillait au quotidien sur son PC en utilisant moins de 300 images, réparties dans des sous-dossiers et qu'il se demandait si cela n'était pas suffisant !

Quelle solution choisir pour l'entreprise ?

Les éditeurs spécialisés dans la gestion des images ont été amenés à élargir leur champ d'action par la prise en compte de l'ensemble des éléments liés à la communication : la photographie bien entendu, mais aussi les publications (dossiers de presse, fiches techniques, etc.), les sons ou encore les séquences vidéo. Avec cette tendance, ils flirtent avec les solutions lourdes d'organisation de l'information de l'entreprise intégrant la gestion de la connaissance et les éléments nécessaires au marketing. Les tranches budgétaires sont, pour les premiers (gestion des images élargie), entre 10 000 et 60 000 €, et entre 70 000 et plus d'un million d'euros pour les seconds (solutions lourdes ou gestion d'informations d'entreprise). Cette première famille qui nous intéresse ici s'adresse à trois grands secteurs du marché de la communication visuelle :

- l'entreprise ;
- les collectivités territoriales ;
- le monde de la photographie : agences, photographes.

Nous avons passé en revue les différents étapes de l'évolution de ce métier. Les solutions s'appuient de plus en plus sur les réseaux dits « IP », c'est-à-dire de type intranet/Internet, qui identifient individuellement chaque machine.

Les configurations anciennes disparaissent progressivement, avec des postes dédiés aux administrateurs pour la gestion de la banque d'images et des postes « clients » pour la consultation. Aujourd'hui, nous trouvons des configurations simplifiées où chaque ordinateur peut indifféremment être utilisé par les différents profils d'utilisateurs, quels que soient leurs droits. Ces solutions sont dites « Full Web », ou 100 % Web, et la totalité de leurs fonctionnalités est accessible *via* le réseau au moyen d'un simple navigateur. Sans entrer dans les détails trop techniques, disons simplement que l'évolution Full Web accroît considérablement la portabilité : chaque poste peut tout faire, au prix parfois d'une certaine lenteur, puisque le logiciel utilisé est situé sur un serveur central.

Les solutions de gestion d'images se répartissent commercialement en trois types d'offres.

- La vente de licence packagée à installer sur les serveurs des entreprises. L'éditeur propose une gamme de services au démarrage : l'installation, le paramétrage et un contrat de maintenance à l'année. Le service informatique de l'acheteur doit assurer le fonctionnement normal au quotidien, tandis que le prestataire intervient sur des problèmes techniques imprévus et pour toute évolution du produit dont il désire faire bénéficier l'acheteur, soit gratuitement sur une période limitée, soit contre rémunération après validation d'un devis.
- La vente de licence incluant l'hébergement par l'éditeur sur ses propres serveurs. L'avantage est que l'entreprise externalise la maintenance et la gestion au quotidien de la solution.
- La location de services ; dans ce dernier cas, on ne parle plus d'achat de licence ou de produit, mais de location de services. Le client est dégagé de toute préoccupation logicielle et matérielle, il loue « clef en main » les services de l'éditeur, tant pour la jouissance des fonctionnalités de l'application que pour l'hébergement des fichiers. Ces services, déjà cités plus haut, sont appelés SaaS ou ASP. Le client n'acquiert pas les droits d'utilisation d'un produit informatique, mais il loue l'accès à un service en ligne disponible en permanence, tout en restant propriétaire de ses données. Ce type d'offre a l'avantage de libérer totalement l'acheteur des contraintes de gestion. En général, les contrats régissant ces services engagent l'éditeur sur cinq points essentiels : les performances, la continuité du service, la sécurité d'accès, des sauvegardes programmées, la non-appropriation des données clients et leur restitution en cas de non-renouvellement de l'abonnement.

Nous avons vu que ces différentes offres s'insèrent dans un contexte d'évolution technique numérique et de dure concurrence, ce qui amène certains éditeurs à modifier leur positionnement et à enrichir la gamme de leurs prestations. Certains proposent à la fois une expertise dans l'organisation des fonds documentaires, en amont du choix technique, et une assistance en aval dans les tâches quotidiennes du fonctionnement d'un service photothèque-médiathèque. Ces prestations permettent d'assurer l'ensemble de l'ingénierie du service photographique :

- Conseil : analyse des besoins, étude de l'existant, intégration dans le schéma global de l'entreprise, mise en place d'une organisation de la chaîne photographique et/ou graphique ;
- mise en place : paramétrage et organisation ;
- installation, formation, maintenance ;
- traitement des médias numériques (dimensionnement, corrections) ;
- indexation des médias, saisie, validation par le client, publication ;
- interface avec les administrateurs et les utilisateurs ;
- support technique ou lié à une expertise image (iconographie).

Gérer un fonds photographique d'entreprise

Passons en revue les points essentiels à la mise en place d'une modernisation de l'organisation.

Définition du périmètre de gestion

Avant tout, il faut définir ce que l'on va administrer comme fonds documentaires : les photographies, les documents de communication, les produits audiovisuels... Cette définition sera accompagnée de la localisation des différents ensembles. On parle de « gisements », et de la « paternité » de chacun : Qui a la responsabilité de quoi ? Les échanges seront-ils possibles, techniquement et politiquement ? Cela sera-t-il accepté par les différents services ?

Ensuite, il conviendra d'établir une organisation, un cycle de gestion, et de définir les rôles et disponibilités de chacun, depuis la conception d'un document par le service marketing et communication, sa réalisation en prise de vue, la sélection de l'image qui sera utilisée, la retouche, l'indexation, jusqu'à sa première utilisation et sa mise à disposition par publication sur un réseau de communication interne ou externe. On parle de « workflow » pour ce qui concerne la définition des tâches, du mode de transmission des ordres et des données, de la logique des événements et de la chronologie associée.

Citons un exemple de problème d'organisation à résoudre : l'indexation et la validation des informations liées aux images. Le modèle traditionnel nécessite la centralisation des informations pour le renseignement d'une photographie. Par exemple, la diffusion de l'illustration d'un produit du catalogue d'un industriel nécessite l'intervention de plusieurs services : le bureau d'études, le bureau de fabrication de l'usine, le service marketing et celui de la communication. Chacun doit transmettre des points forts, mettre en avant les avantages d'un produit ou d'un service, estomper les points les moins valorisants. La centralisation de ces informations s'avère extrêmement lourde à gérer, que ce soit à cause de l'indisponibilité des intervenants ou parce que les rôles de chacun sont mal définis. En effet, les acteurs détenant une partie de l'information rechignent parfois à transmettre une partie de leur connaissance du produit ; résultat, le document tarde à être diffusé par manque d'information tant au niveau technique, marketing que juridique. C'est sur ce point notamment que certains modèles d'organisation peuvent rationaliser et fluidifier la communication, ainsi que le fonctionnement de l'indexation. Nous avons déjà évoqué le workflow, qui permet de réglementer la communication entre les intervenants et de simplifier la collecte des informations nécessaires à l'indexation et à la publication du visuel. On parle également dans ce cas de « gestion contributive » : le système informatique sollicite chaque auteur et lui permet la saisie directe d'une partie de l'information correspondant à sa connaissance du produit (référence catalogue, appellation commerciale, légende technique, etc.). La centralisation n'est plus manuelle, elle s'automatise ; de plus, grâce à la traçabilité des actions de chacun, elle offre des possibilités de contrôle et d'analyse des opérations.

On voit donc que le choix d'une solution de gestion d'images doit intégrer de plus en plus les échanges entre les systèmes d'information. Nous ne vivons plus à l'ère des photothèques isolées et indépendantes. Les techniques actuelles permettent le dialogue entre les systèmes ; on parle désormais d'« interopérabilité », de « Web 2.0 » et de « Web 3.0 sémantique ».

Rappel des bases du traitement documentaire de l'image

L'entreprise a besoin de communiquer des éléments visuels intégrant une information structurée au niveau sémantique, technique et juridique ; le document doit également être « traçable ». Il doit donc obligatoirement être accompagné d'informations sur sa signification, ses possibilités d'exploitation technique, la définition du contexte d'utilisation pour un plein respect des droits de chacun. Enfin, il faut lui adjoindre des renseignements sur la localisation des originaux au cas où la copie disponible soit de moindre qualité. En cas de publication, l'utilisateur pourra donc contacter l'auteur du document pour se procurer les éléments originaux de qualité maximale.

Une indexation du visuel fiable et lisible

Pour que la structure de la photothèque soit représentative de l'entreprise, il faut élaborer et enrichir une terminologie dédiée, hiérarchisée ou non, à l'aide d'outils documentaires de type thésaurus ou lexique.

Qu'est-ce qu'un thésaurus ?

Le thésaurus représente la somme de mots retenus pour l'identification des documents rassemblés dans un fonds particulier et utilisés lors des recherches. Par exemple, l'administration d'une région construira un système de classification de ses collections historiques à l'aide d'un thésaurus particulier. L'élaboration de la somme des mots, leur relation hiérarchique et l'établissement des correspondances entre termes synonymes, utiles à la consultation, constituent l'ensemble du thésaurus ; il peut être vu comme un langage. Ce langage est propre à un univers patrimonial, un métier ou une communauté de réflexion ou d'action. À ce titre, il doit pouvoir plus ou moins évoluer et sa refonte régulière est motivée par la modification des concepts véhiculés. L'entreprise, par l'évolution de sa culture, de ses agissements et de ses rapports avec l'extérieur, communique sur une réalité mouvante ; le thésaurus doit pouvoir s'adapter à ces changements. Son rôle n'est pas de définir mais de mettre en relation des termes entre eux et de normaliser ainsi une structure identifiant une communauté, ses actions et ses métiers.

L'élaboration et la maintenance d'un thésaurus est l'affaire des professionnels de la documentation. Aujourd'hui, l'univers de l'entreprise est peu propice à l'utilisation d'un tel langage, surtout dans un contexte de diffusion et de consultation libre. Plus que jamais pourtant, le choix des mots compréhensibles et utilisables dans les recherches documentaires est essentiel. Malheureusement, ces interrogations raisonnées sont délaissées au profit de consultations simplifiées par thèmes ou en texte libre, du type proposé par les moteurs de recherche, qui apportent la profusion, mais qui ne permettent pas toujours d'offrir une réponse pertinente face aux attentes.

La communication d'éléments visuels, c'est-à-dire leur externalisation et donc la perte de leur contrôle passe obligatoirement par une bonne gestion des métadonnées. Le fichier, ainsi enrichi, sera documenté, donc identifiable et opérationnel, quelle que soit l'application qui l'exploitera ; on a précédemment évoqué les bénéfices de l'utilisation des standards IPTC, puis XML et EXIF.

Le système d'information peut gérer le multilinguisme, si l'investissement est possible au niveau du traitement documentaire. Sachons simplement qu'il est très difficile de maintenir un bon niveau d'indexation déjà en une seule langue, alors pensons aux investissements en interventions pour en gérer plusieurs (collecte des informations, homogénéisation, saisie, correction). Certains logiciels proposent des fonctions de traduction automatique.

La généralisation du Web a transformé bon nombre de services documentaires en « libre service » ; ce n'est pas la panacée, mais c'est un fait. À chacun de penser à l'information qu'il va saisir afin d'être compris par tous, ce qui nécessite une refonte des modes d'indexation et des processus de sélection par les iconographes, car les utilisateurs ne sont des professionnels ni de l'informatique, ni de la photographie et encore moins de la gestion documentaire. Les offres qui leur sont faites par le biais de ces systèmes de diffusion de l'image doivent donc en tenir compte.

Nous passons progressivement d'une époque où l'image devait représenter de manière exhaustive l'entreprise, ses activités, ses services et ses hommes, à un temps où chaque question doit apporter une réponse rapide et concise. Bon nombre de collaborateurs ne peuvent plus consacrer du temps à la recherche et à la consultation. Les systèmes doivent intégrer cela en pensant notamment aux possibilités de faire de l'information visuelle « poussée » ou *push* (par exemple, l'édition périodique de best-of adressés aux collaborateurs). Plus que jamais, l'expertise des iconographes s'avère indispensable pour réaliser des sélections éditoriales pertinentes répondant aux événements de l'entreprise et aux besoins de ses communicants.

Pour une consultation efficace des documents

Nous l'avons vu, de nombreux collaborateurs non spécialistes accèdent désormais aux banques d'images ; l'approche doit être simple, la compréhension des contenus lisibles et les sujets d'actualité (pertinence de l'information) et non obsolètes. L'information qui accompagne les documents doit donc respecter certaines règles.

- Des modes d'interrogation complémentaires pour une consultation rapide et fructueuse. Premier accès : le consultant doit pouvoir visualiser très rapidement l'organisation des contenus de la banque de documents, soit par l'organigramme de l'entreprise, soit par le catalogue des services. Deuxième mode d'accès : la recherche « fulltext » à la manière d'un moteur de recherche web. Troisième mode : la recherche multicritères ou « avancée », pour interroger de manière précise et obtenir des résultats « pertinents » sans erreurs ou digressions visuelles. Les documentalistes parlent de « bruit », qui pour le néophyte, peut être compris comme un enrichissement.
- Une interface intuitive utilisant un navigateur standard, en lecture comme en administration de la base.
- Une grande fluidité interactive de l'affichage – influence de la culture d'Internet oblige... Confondant peut-être esprit ludique et efficacité, on parle encore de Web 2.0 en n'y voyant ici que l'aspect graphique dynamique, mais c'est important pour certains.
- Une sécurisation des accès. Cette notion est indispensable. Elle implique une reconnaissance de l'identité des utilisateurs accrédités, référencés par des profils afférant des droits plus ou moins importants. Chacun n'accède qu'à une partie des contenus (une activité de l'entreprise seulement), ne voit qu'une partie des informations (les informations de gestion restent invisibles) et ne peut exploiter que certaines fonctions (téléchargement des basses définitions et non des fichiers « lourds », par exemple).

Permettre une bonne exploitation des documents

La mise en place d'une photothèque doit favoriser la popularité des images, donc l'augmentation de son utilisation, ce qui implique un certain nombre d'avantages.

- Il faut faire une offre de fichiers cohérente, aux caractéristiques homogènes. Les utilisateurs n'auront que faire de fichiers trop « lourds », aux standards inutilisables dans leur suite bureautique. Bien sûr, des services spécialisés réclameront d'autres versions. En général, la diffusion d'un document doit passer par son calibrage en termes de poids et de standards. Par exemple, des fichiers JPEG de 30 Mo sauront satisfaire 80 % des besoins en édition. À exclure donc, les fichiers RAW, TIFF avec ou sans calques et EPS. Ces éléments techniques et originaux peuvent être fournis dans un second temps, pour des demandes spécifiques.

- Des modes de communication des fichiers fiables : on ne communique plus ses fichiers *via* une messagerie, cela encombre inutilement le réseau. Le système de gestion d'images doit offrir un mode de communication par liens. Les destinataires reçoivent une notification de mise à disposition d'une sélection sur le serveur par messagerie ; il clique sur un lien approprié, se connecte automatiquement sur ce serveur et visualise uniquement cette sélection. Typiquement, le communiquant propose une série de visuels à un journaliste qui n'en retiendra qu'un petit nombre, il est donc inutile de transmettre réellement ces fichiers. Ce mode de notification permet de limiter les envois de fichiers qui seraient peut-être mal utilisés ultérieurement et cela limite également l'encombrement du réseau de l'entreprise.
- Une traçabilité des actions. L'archivage des actions et l'accès à ces informations aide le gestionnaire de la banque d'images a comprendre et à optimiser son service. Le système doit pouvoir éditer des statistiques d'ordre de la gestion et aussi des consultations. Exemple : date, heure et identités des utilisateurs connectés ; recensement des actions et références d'images concernées, de téléchargement, de notification et de commande. Qui utilise quoi et quand ? Pour ce qui est de l'administration, cela concerne, par exemple, le recensement des utilisateurs accrédités à déposer des fichiers : Qui ? Quand ? Quelles références ? etc.
- Une capacité à dialoguer avec des applications tierces de l'entreprise. Nous l'avons vu, les solutions de nouvelle génération sauront de plus en plus communiquer ou exploiter des données hébergées sur d'autres sites, dans d'autres systèmes. On parle d'« agrégation de données ». Un exemple simple est la possibilité que vous utilisez peut-être de publier dans un message de votre blog, l'image résidant sur votre album d'images Picasa ou Flickr. L'image n'est pas hébergée par votre serveur de blog, elle « demeure » sur les serveurs du site communautaire d'images ; seul un lien HTML suffit à la faire apparaître dans votre texte.

Comment organiser l'hébergement des données ?

Chaque administrateur doit veiller à la localisation des fonds, tant physiques que virtuels, et la maîtrise de leur intégrité. Dans un esprit jusque-là défendu, l'entreprise devait pouvoir localiser l'hébergement de ces documents physiques ou dématérialisés. Il semble que les offres récentes de services externalisés réussissent à séduire alors qu'aucune information de localisation n'est communiquée. Ce sujet dépasse le périmètre de cet ouvrage ; répétons simplement qu'il convient de savoir où sont stockés vos documents, physiques du moins, et que vous devez pouvoir juger de la valeur des protections et des procédures de restitution.

La surveillance de l'état des documents concerne autant les supports tangibles argentiques (tirages, négatifs et transparents) et numériques (support magnétiques, disques optiques, magnétiques), que l'information enregistrée (lecture des données et algorithmes d'exploitation). Ce sujet a été évoqué précédemment ; un fonds documentaire ne peut être indéfiniment stocké sans surveillance, prélèvement périodique et vérification des états, sinon, cela revient à remiser sans grand espoir de réutilisation.

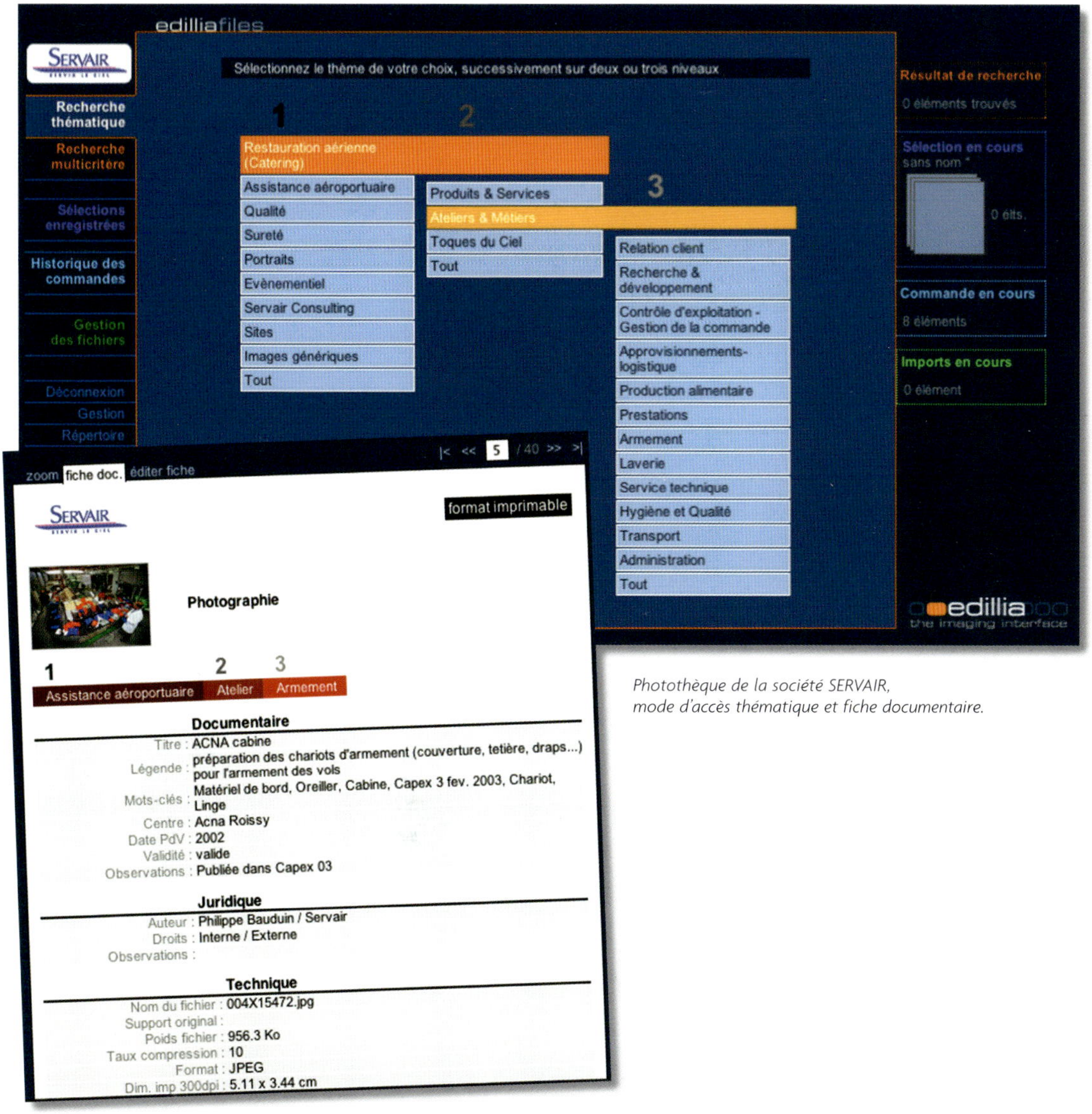

Photothèque de la société SERVAIR, mode d'accès thématique et fiche documentaire.

La capture d'écran ci-dessus illustrent une recherche thématique sur trois niveaux de sujets hiérarchisés, dans une photothèque d'entreprise. La sélection d'un sujet du niveau trois déclenche la requête et l'affichage du résultat; il ne peut y avoir de résultat vide, c'est-à-dire sans document proposé. Nous avons déjà vu la manière dont il convient de documenter chaque image, tant au niveau documentaire, que technique et juridique.

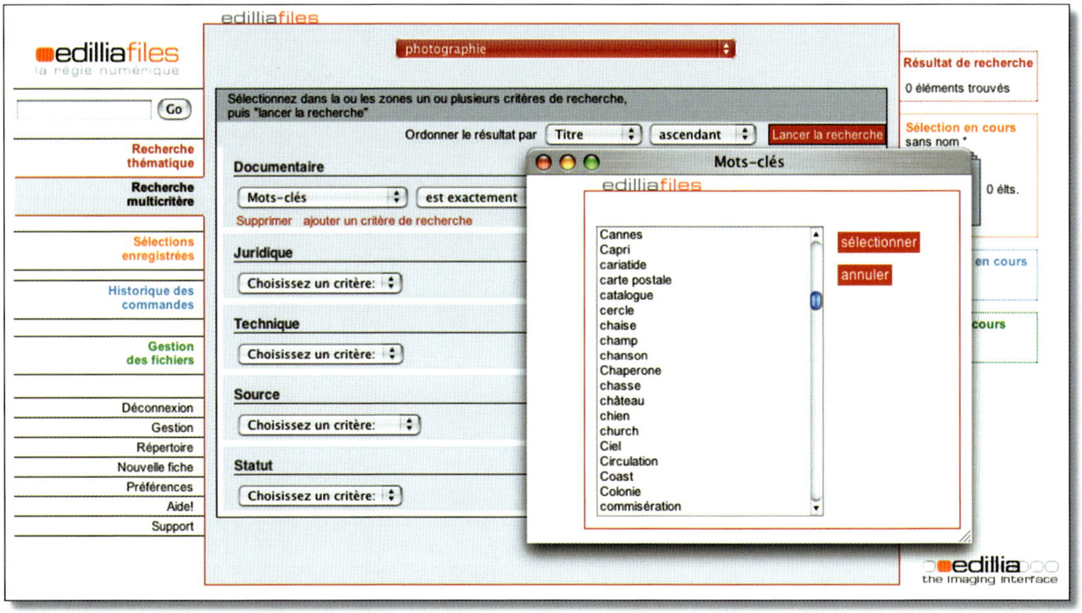

Recherche multicritères.

En complément de la recherche thématique, la recherche multicritères, ou avancée, permet d'interroger une base de données avec plusieurs critères de recherche, ceci dans le but d'obtenir un résultat précis. On peut, par exemple, rechercher un sujet particulier, mais réalisé par tel photographe ou sur telle période.

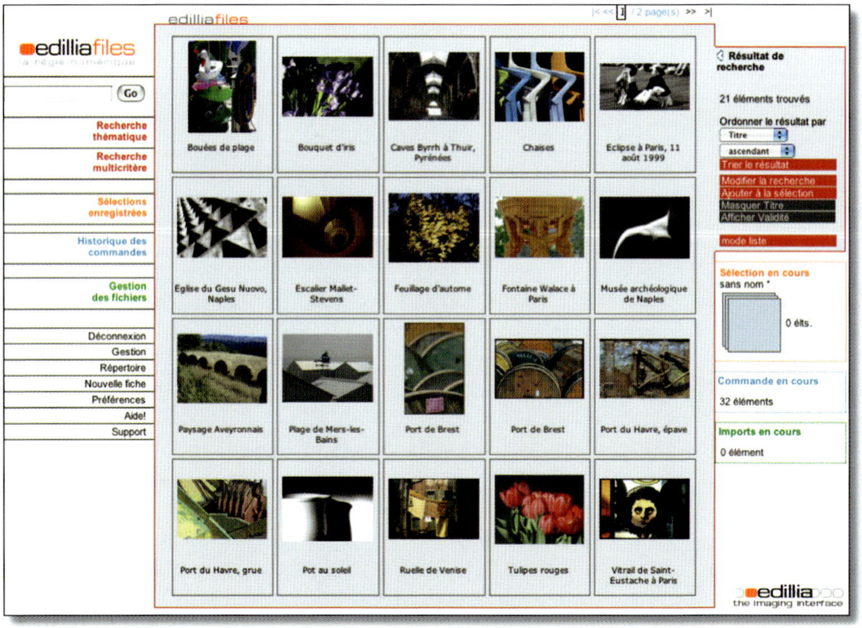

Résultats de recherche sous forme de mosaïque de vignettes sous-titrées.

Choses vécues : une entreprise n'a pas de passé, elle n'a qu'un avenir !

C'est ce que me disait fraternellement, le plus sérieusement du monde, Christian G., Directeur de la communication de la filiale française d'une grande compagnie américaine. Je lui ai demandé ce qu'il voulait dire par là. Mon client m'expliqua alors qu'à son arrivée, il avait fait détruire avec plaisir et conviction les archives que son prédécesseur avait consciencieusement sauvegardées : publications périodiques, éléments de communication interne et externe.
Je venais de rédiger, à sa demande, un cahier des charges pour la réorganisation de la photothèque. Nous avons ensuite recruté une documentaliste et développé un produit de gestion. Nous avons trié enfin plus de 55 000 Ektas pour n'en retenir que 5 000. Cette anecdote remonte à quinze ans. Je me demande si les archives ont plus de crédibilité dans cette entreprise aujourd'hui. Est-ce dans l'air du temps ? Je ne le crois pas, hélas.
Je pense souvent au taux de rejet de notre sélection ; serai-je aussi intransigeant aujourd'hui ? Je pense que oui. Qu'en déduire ? Comment gérer à la fois la sélection « valide et pertinente » mise en réseau et les archives que nous tentons de protéger ? L'entreprise a-t-elle les moyens de gérer d'une manière autonome cette double pérennité ? Il n'y a pas de réponse unique à ces questions ; chaque cas apporte une expertise et une réponse particulière.

Le tableau ci-après réunit un certain nombre d'éditeurs spécialisés dans la gestion d'éléments visuels (photos, vidéos, etc.). Certains se cantonnent à la gestion des images, d'autres abordent d'une manière plus globale le problème d'organisation de l'information des entreprises et intègrent des fonctions évoluées de gestion de la connaissance. Nous avons vu que les spécialités ont tendance à se chevaucher ; il n'est donc pas aisé de répartir ces prestataires en familles simples. La consultation de leur site aidera chacun à la compréhension de l'évolution de ces métiers.

La plupart des éditeurs ont aimablement répondu à nos demandes d'informations et de tarifs, d'autres pas, notamment en ce qui concerne les prix qui sont encore considérés par certains comme stratégiques et « secrets ». Il nous est apparu intéressant tout de même de mentionner ces entreprises. D'autres, enfin, ont tendance à exagérer les budgets supérieurs. Les tarifs indiqués sont hors taxes, indiquer la TVA n'ayant aucun sens dans le contexte professionnel.

Tableau comparatif des solutions professionnelles en ligne.

Entreprise	Solutions	Tarifs (hors taxes)
Agelia (anciennement Rennes Color) iel.imagesenligne.com Z.I. Sud-Est, 4, rue des Landelles, BP 91565, 35515 Cesson-Sévigné Cedex Contact : Dominique Delarue – d.delarue@agelia.com Tél. : +33 (0)2 99 22 84 70	Deux solutions de gestion de photothèques/médiathèques, développées sous SQL Server de Microsoft : 1] ImagesEnligne 2] Imagehawker	Location de la solution : création du compte + mensualités 1] 3 000 € + 200 € mensuels 2] 7 500 € + 500 € mensuels
Alchemy www.alchemy.fr 30, place Saint-Georges, 75009 Paris Contact : commercial@alchemy.fr Tél. : +33 (0)1 53 20 43 80	Solution photothèque 100 % Web : PhraseaNet, héritière de Phrasea, totalement redéveloppée, multibases, multiserveurs, drag & drop, gère les métadonnées	1] Vente licence forfaitaire : 7 500 € 2] Location : application, stockage, bande passante - Offre entreprise ≥ 500 € mensuels - Offre photographe ≥ 40 € mensuels
Alexandrie www.gbconcept.com 107, avenue Parmentier, 75011 Paris Contact : commercial@gbconcept.com Tél. : +33 (0)1 49 23 83 51	Alexandrie (nouveau produit)	Non communiqués
Algoba www.algoba.com 30, place Saint-Georges, 75009 Paris Contact : Malika Kechich – mkechich@orphea.com Tél. : +33 (0)1 53 20 33 70	Orphea Studio, solution DAM (Digital Asset Management), c'est-à-dire gestion cohérente de tous les types de fichiers, développée sous Oracle de l'éditeur éponyme, leader mondial. Orphea est très implantée dans les agences photographiques. Fonction de gestion des droits d'auteurs : Royalty Invoice Management (RIM)	1] Vente licence : 2 000 à 30 000 € + modules en option : Orphea RIM 2] Location : 120 à 500 € mensuels + modules en option : Orphea RIM + hébergement : 340 € + 2 € avec backup incluant bande passante 5 Mo et 2 Go de trafic + 1 Go de transfert sup. 15 €
Archimed www.archimed.fr 49, boulevard de Strasbourg, 59042 Lille Cedex Contact : Olivier Walbecq – contact@archimed.fr Tél. : +33 (0)3 20 13 10 60	Éditeur et intégrateur de systèmes d'information documentaire. Première médiathèque intégrant la vidéo à la bibliothèque de Valenciennes en 1994 !	Suivant cahier des charges, non communiqués
Armadillo www.armadillo.fr 46 bis, rue de la République, 92170 Vanves Contact : Laurent Bel – laurent@armadillo.fr Tél. : +33 (0)1 46 62 03 26	Solution de gestion transversale de contenus multimédias pour entreprises ou collectivités. Solution souple permettant une mutualisation des contenus et des pratiques métier hétérogènes : marketing, communication, presse pour les entreprises, bibliothèque, musée, archives pour les collectivités	Licence monoposte ≥ 750 € Licence web Entreprise ≥ 7 500 €

Entreprise	Solutions	Tarifs (hors taxes)
Baobase www.baobase.fr 8, rue des Compagnons, 14000 Caen Contact: Patrick Rougereau – info@baobase.fr Tél.: +33 (0)2 31 53 63 90	- NETmediatek, solution de gestion des éléments photos, vidéos, schémas et documents institutionnels - Baobase version 3.0	Non communiqués
Canto www.canto-france.fr Distributeur France: Idéa7, 170, rue de la Gaillarderie, 59710 Mérignies www.idea7.fr Contact: catherine.desbuquoit@idea7.fr Tél.: +33 (0)3 20 64 08 76	Solutions workgroup multipostes (25 licences client au maximum): - Cumulus Entry qui comprend le serveur, trois licences client et un contrat mises à jour logiciel - Cumulus Workgroup qui comprend trois licences client et InternetClientPro (le Web en consultation et écriture, catalogage) - Web Publisher Pro, module web (uniquement en consultation illimitée) - Licences client sup. (pour Workgroup et Enterprise) - Canto Single User v8, monoposte	- Cumulus Entry: 3 495 € - Cumulus Workgroup: 8 995 € - Web Publisher Pro: 2 995 € - Licences client supplémentaire: - unité: 495 € - par cinq: 1 995 € - par dix: 3 495 € - Canto Single User v8: 370 €
Celum http://celum.com/fr Europaplatz 4, A-4020 Linz, Autriche Contact: office@celum.com Tél.: +43 (0)732 716529 0	Celum IMAGINE est une solution de DAM pour gérer, distribuer et modifier des fichiers de tous types tels que PDF, PowerPoint, photos et contenus multimédias	Non communiqués
Daxium (anciennement Loratec éditeur, depuis 1997) www.daxium.com Imm. Cofonca, 6-8, rue Jean-Jaurès, 92800 Puteaux La Défense Contact: yvaulry@daxium.com Tél.: +33 (0)1 41 02 93 50	Solution PictBase, Windows	Monoposte: 1 000 € Version réseau: 3 000 € Pack illimité: 10 000 € Réseau web: 6 000 €
Digital Zone International www.northmann.com Northmann A/S, Vester Voldgade 83, 4 floor, 1552 Copenhagen, Danemark Contact: info@northmann.com Tél.: 00 (45) 33 25 71 25 Distributeur France: www.easymediasolutions.net Easy Media Solutions 30, rue Auguste-Piccard, 01630 Saint-Genis Pouilly Contact: olivier.giroud@easymediasolutions.net Tél.: +33 (0)4 50 40 10 10 ou 06 76 93 04 21	Solution DAM (Digital Asset Management) du flux des éléments de la communication des entreprises, orientée arts graphiques	Non communiqués
Dip Systèmes www.dip-systemes.com 48, rue de Rivoli, 75004 Paris Contact: commercial@dip-systemes.com Tél.: +33 (0)1 42 72 28 28	Suite logicielle orientée bibliothèque; avec entre autres DIP Photothèque	Suivant cahier des charges

Entreprise	Solutions	Tarifs (hors taxes)
Edillia www.edillia.com 26, rue Dalayrac 94120 Fontenay-sous-Bois Contact : contact@edillia.com Tél. : +33 (0)9 51 70 68 35	- EdilliaFiles : gestion de photos, vidéos et publications. Solution en location, activable en huit jours, contrat annuel. Compatible IPTC, XMP. Contrat de propriété - Conseil en organisation des médias en entreprise - Laboratoire numérique (numérisation, conversion, dimensionnement) - Indexation sur toutes solutions en régie - Gestion de production d'images	- Paramétrage : 4 000 € - Formation : 500 € - Service à l'année : 4 800 € - Hébergement : à partir de 200 € mensuels
Einden www.ephoto.fr 1, rue Chanoine-de-Villeneuve, 86100 Chatellerault Contact : Arnaud Bour – info@ephoto.fr Tél. : +33 (0)5 49 23 38 03	e-photo est un des derniers-nés de la génération dite « du Web 2.0 » : interface fluide offrant une palette complète de fonctionnalités pour l'indexation et le partage ; permet la gestion et la diffusion de tous types de médias (photos, fichiers bruts, vidéos, sons, etc.)	1] Offre entreprises/collectivités : Licence e-photo ≥ 4 500 € Formation : 700 € 2] Installation sur site : sur serveur dédié, intégrée à l'environnement (AD, LDAP, SSO) 700 € Offre hébergée : serveur dédié DualCore, 2 Go de RAM, 250 Go de stockage RAID 5, bande passante 10 Mbit/s, sauvegarde quotidienne, infogérance et hotline tél./e-mail Hébergement/an : 1 440 € 3] Offre photographes indépendants 35 Go stockage RAID 5, une formation tél., 1h30 hotline tél. et e-mail Hébergement/mois : 49 €
EtoComm www.etocomm.fr 92, avenue du Général-de-Gaulle 92250 La Garenne Colombes Contact : contact@etocomm.fr, vanessa.leroy@etocomm.fr Tél. : +33 (0)1 47 60 15 83	Solutions DAM/ECM (Enterprise Content Management), portails collaboratifs pour la gestion de contenus marketing et communication, portails pour la gestion collaborative de contenus métier coordonnés multimédias, multilingue, multicanaux	Non communiqués Prix selon périmètres et volumes gérés

Entreprise	Solutions	Tarifs (hors taxes)
FotoStation www.fotoware.com Éditeur: FotoWare a.s. Holbergsgt. 21, 0166 Oslo, Norvège Contact: oys@fotoware.com Tél.: 00 (47) 22 03 24 00 Distributeur: www.orbimedias.com, Contact: ef@orbimedias.com Tél.: +33 (0)1 41 77 42 10	1] FotoStation: logiciel de gestion d'images, automatisation des tâches répétitives: renommage, conversion de formats, saisie, Watermark, gravure CD, téléchargement FTP, envoi par e-mail, gabarits d'impression prédéfinis, vérification des champs texte de l'indexation... 2] FotoWeb: solution web paramétrable de diffusion	1] FotoStation: 490 € 2] FotoWeb: 2 845 €
Gesco www.gesco.fr 18, rue Corvisart, 75013 Paris Contact: Pascal Venet – pv@gesco.fr Tél.: +33 (0)1 47 07 51 00	Gescomedia, solution de gestion de photothèques et de médiathèques 100 % Web. L'éditeur déclare ne fournir de réponses qu'à partir d'un cahier des charges établi avec le client	Fourchette de prix communiquée: 30 000 à 60 000 € selon cahier des charges
Imaload www.imaload.com 5, rue Paul-Bert, CAP Saint-Ouen, 93581 Saint-Ouen Cedex Contact: Sylvain Kraffmuller – contact@imaload.com Tél.:+33 (0)1 49 18 13 13	Solution de gestion de medias 100 % Web (lecture et administration) pour photos, vidéos, sons et documents. Génération Web 2.0 qui apporte fluidité et interactivité. Domaines: médiathèque, diffusion marketing, Web TV, media center	Fourchette de prix communiquée: 5 000 à 80 000 € selon cahier des charges
ISImage www.isimages.com 14, rue de la Hacquinière, 91440 Bures-sur-Yvette Contact: vincent.wartelle@isimages.com Tél.: +33 (0)1 69 29 89 00 ou +33 (0)1 69 29 89 03	Solution de gestion des médias hébergée par ISImage	Fourchette de prix communiquée: 3 000 à 50 000 € selon cahier des charges
Keepeek www.keepeek.com Contact: Thomas Larzillière – commercial@keepeek.com Tél.: +33 (0)1 42 96 76 71	Solution nouvelle de gestion des médias visant des fonds faiblement indexés avec des fonctionnalités innovantes dites de «navigation cognitive». Capacité à dialoguer avec les applications tierces de l'entreprise	- Mode licence «Keepeek 360°» + installation + formation + reprise existant ≈ 15 000 € - Mode location: Ouverture compte: 600 € Formation: 800 € Option paramétrage/ customisation: 2 000 à 10 000 € Prix mensuel (licence, maintenance, hébergement, support): 20 Go: 230 € 40 Go: 310 €

Entreprise	Solutions	Tarifs (hors taxes)
Kentika (100 % des fonctionnalités d'Alexandrie 6.3 sont présentes dans Kentika qui en est la version évolutive) kentika.net Tour Suisse, 1, bd Vivier-Merle, 69443 Lyon Cedex 3 Contact : info@kentika.net Tél. : +33 (0)9 70 44 51 83	Audit, paramétrage, conversion de données. Solution de gestion du document : - Kentika Express, utilisation personnelle non paramétrable - Kentika Pro client-serveur + option Full Web (alimentation via le Web) Évolutions : - Centrale d'importation ; elle permet l'import automatique de photos dans des dossiers préalablement créés comme la mise en surveillance des sources les plus diverses - Notion de reportage : il suffit de créer un dossier portant le nom de l'image principale et de mettre les images devant appartenir à la même fiche dans le dossier - Gestion multicontextes : consiste à créer plusieurs univers au sein de la même base d'informations. Ceci permet de différencier les fonds et/ou les fonctions proposés sur l'interface web	Kentika Express gratuit Kentika Pro - Mono-poste : 990 € - Client-serveur trois postes : 3 990 € - Option Full Web : 2 990 €
Mobydoc www.mobydoc.fr 25, rue Roquelaine, 31400 Toulouse Contact : Éric de Cacqueray – contact@mobydoc.fr Tél. : +33 (0)5 62 73 39 70	Mobydoc Photo, solution de gestion de collections photographiques intégrant la gestion de la circulation des exemplaires. Très implantée dans le milieu de la gestion documentaire	Non communiqués
North Plains Systems Corp. www.northplains.com 510 Front Street West, 4th Floor, Toronto, ON M5V 3H3, Canada Contact : contact@northplains.com Tél. : 00 (1) 416 345 1900	Telescope Studio, une solution DAM	Non communiqués
Nstein (anciennement Picdar) www.nstein.com/fr Sandridge Park Porters Wood, St Albans Herts AL3 6PH, Royaume-Uni Contact : Shalina.Agarwal@nstein.com Tél. : 00 (44) 01727 847488	Plate-forme de gestion de contenus numériques pour les arts graphiques, les entreprises et la presse. Intégrable aux solutions existantes de l'entreprise	Suivant cahier des charges : de 70 000 à 1 000 000 €

Entreprise	Solutions	Tarifs (hors taxes)
Orange Logic www.orangelogic.com Contact: karl@orangelogic.com, chantal.muller@orangelogic.com Tél.: +33 (0)4 99 58 17 34	Cortex 3: solution 100 % Web de fonds photographiques. Références en France: agence de la Réunion des Musées Nationaux, agence Magnum	Suivant cahier des charges, non communiqués
Orkis www.orkis.com Pôle d'activités d'Aix-les-Milles, 610, rue Georges-Claude, 13852 Aix-en-Provence Cedex 3 Contact: cial@orkis.com Tél.: +33 (0)4 42 39 33 70	- Solution packagée Ajaris - Solutions de contenus multimédias pour entreprises - Services de gestion/diffusion des documents Nouveau Ajaris-Full Web: - Location avec jeu de pages Premium personnalisable en ligne - Location stockage sur serveur mutualisé de 25 Go, nombre de documents illimité - Trafic ligne Internet HTTP et FTP gestion antivirus: 10 Go/mois, bande passante illimitée - Gestion nom de domaine/ 5 adresses e-mails dédiées - Sauvegarde sécurisée 25 Go - Assistance logicielle annuelle - Nombre de connexions consultation illimité - Nombre de connexion simultanées en Full Web: 5 - Accès identifiés et visiteur - Nombre d'utilisateurs identifiés illimité - Nombre de catégories illimité - Structure base paramétrable à partir d'un masque IPTC - Gestion IPTC, EXIF, GPS, XMP - Statistiques de consultation et flux en ligne - Gestion de tous types de formats photo, vidéo, infographie, PDF	- Ajaris-Pro, licence installée, à partir de 2 300 € - Ajaris-FullWeb, en location, à partir de 150 € mensuels
Propixo www.propixo.com 45, bd Ménilmontant, 75011 Paris Contact: service.commercial@propixo.com Tél.: +33 (0)1 43 71 39 03	Solution Full Web de gestion de photothèques et agences photos. Différents modules: administration, base documentaire, serveur web, gestion commerciale	Location de services: - paramétrage: 1 500 € - mensualité: 250 €

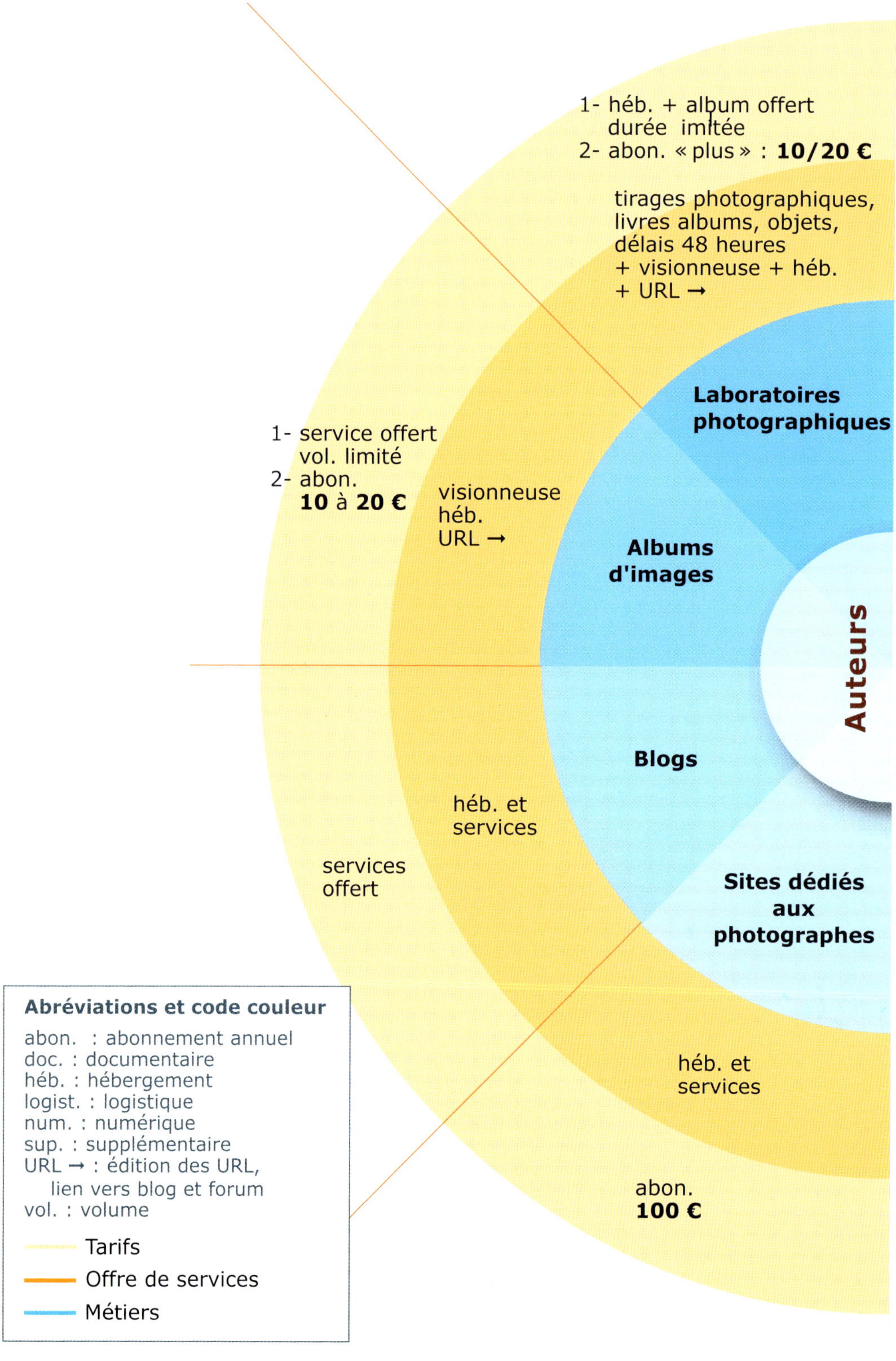
1- héb. + album offert durée imitée
2- abon. « plus » : 10/20 €
tirages photographiques, livres albums, objets, délais 48 heures + visionneuse + héb. + URL →
Laboratoires photographiques
1- service offert vol. limité
2- abon. 10 à 20 €
visionneuse héb. URL →
Albums d'images
Auteurs
Blogs
héb. et services
services offert
Sites dédiés aux photographes
héb. et services
abon. 100 €
Abréviations et code couleur
abon. : abonnement annuel
doc. : documentaire
héb. : hébergement
logist. : logistique
num. : numérique
sup. : supplémentaire
URL → : édition des URL, lien vers blog et forum
vol. : volume
Tarifs
Offre de services
Métiers

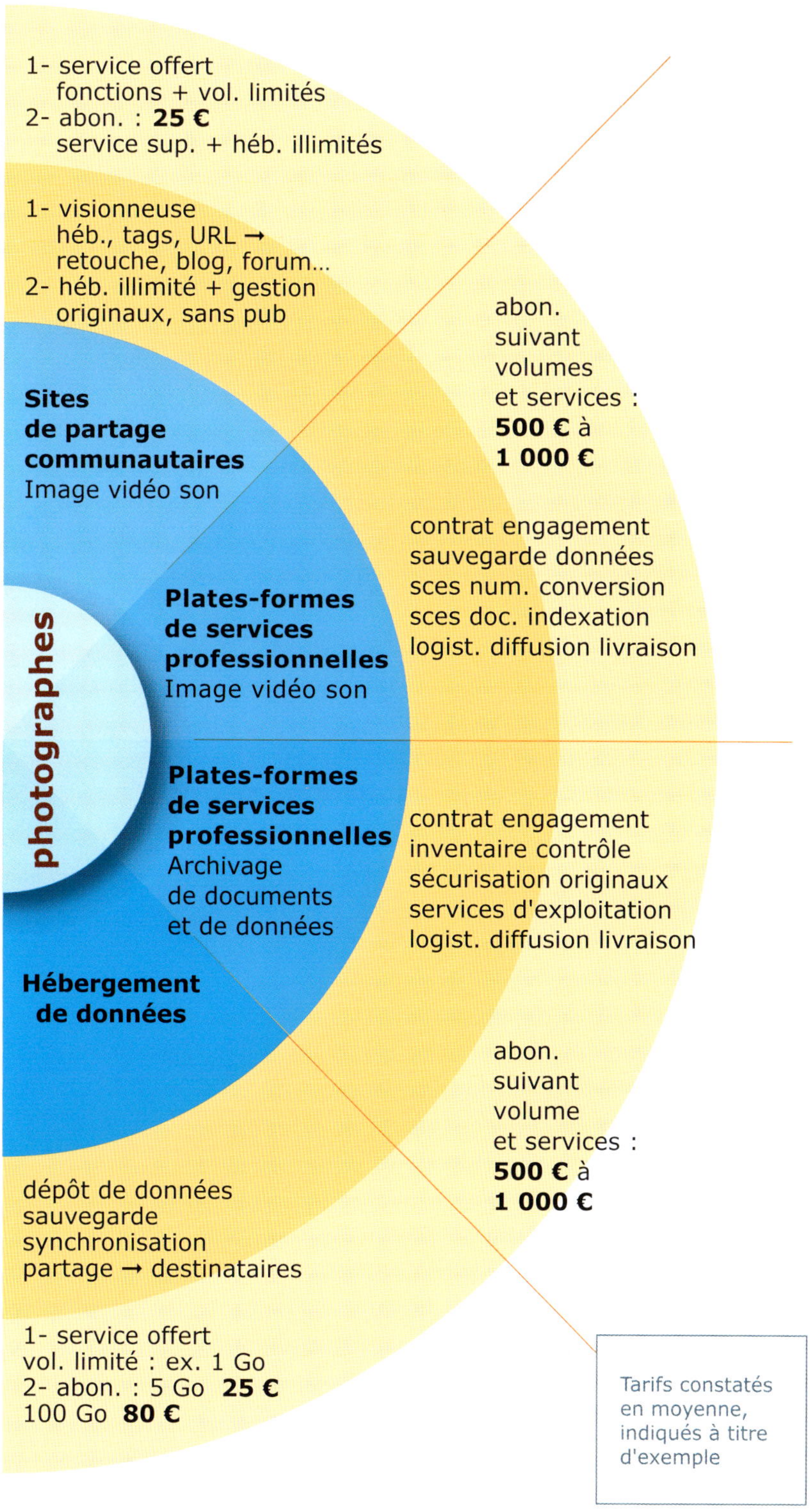
1- service offert
fonctions + vol. limités
2- abon. : **25 €**
service sup. + héb. illimités
1- visionneuse
héb., tags, URL →
retouche, blog, forum...
2- héb. illimité + gestion
originaux, sans pub
abon.
suivant
volumes
et services :
500 € à
1 000 €
Sites de partage communautaires
Image vidéo son
contrat engagement
sauvegarde données
sces num. conversion
sces doc. indexation
logist. diffusion livraison
photographes
Plates-formes de services professionnelles
Image vidéo son
Plates-formes de services professionnelles
Archivage
de documents
et de données
contrat engagement
inventaire contrôle
sécurisation originaux
services d'exploitation
logist. diffusion livraison
Hébergement de données
abon.
suivant
volume
et services :
500 € à
1 000 €
dépôt de données
sauvegarde
synchronisation
partage → destinataires
1- service offert
vol. limité : ex. 1 Go
2- abon. : 5 Go **25 €**
100 Go **80 €**
Tarifs constatés
en moyenne,
indiqués à titre
d'exemple

1 Imprimer ses images

L'image numérique n'a pas tué le tirage, mais il en a modifié l'économie. Les laboratoires présents sur Internet concurrencent ceux qui ont pignon sur rue. L'impression chez soi est facilitée par des imprimantes au prix abordable mais avec des consommables onéreux. L'offre commerciale du simple tirage photographique est enrichie de toute une gamme de produits qui semblent remporter un grand succès : les objets imprimés et surtout, les albums et les livres dont vous pouvez vous-même réaliser la mise en page.

Il existe aujourd'hui sur le Web une offre très fournie de services pour le traitement et l'exploitation des images. Certaines prestations sont payantes, mais vous pourrez également trouver des offres d'entrée de gamme gratuites. La démarche n'est pas innocente car tout est mis en œuvre pour vous allécher et vous convaincre d'acheter le produit par la suite. Néanmoins, vous trouverez sans aucun doute la solution correspondant le mieux à vos attentes tant l'offre est riche et variée. Essayez de bien comparer les différents services proposés afin d'opter pour celui répondant à vos besoins, tout en gardant à l'esprit qu'il sera certainement très vite concurrencé par de nouveaux produits plus élaborés.

Imprimer ses photographies : plusieurs solutions.

Équipements périphériques

Imprimante **nomade** Polaroid PoGo	Support imposé Format 5 x 7,6 cm
Imprimante format **carte postale**	Supports variés Techniques jet d'encre ou sublimation
Imprimante **multifonction**	Supports variés Techniques jet d'encre ou sublimation
Imprimantes dédiées **A4, A3, A2 et +**	Jet d'encre Gamme riche de papiers

Prestations de **services**

Laboratoires grand public	En magasin (commande ou borne libre service) Services en ligne
Laboratoires photographiques professionnels	Service global en atelier Structures traditionnelles
Ateliers d'impression numériques	Services en atelier Structures émergentes

Imprimer soi-même ?

Aujourd'hui, il est possible d'acquérir une imprimante pour une centaine d'euros seulement si bien que la tentation est grande d'effectuer soi-même les travaux d'impression. Mais attention au choix du modèle et surtout au budget que vous devrez consacrer à l'achat des encres et des papiers, et ce d'autant plus si vous souhaitez effectuer des essais dans le but d'obtenir une qualité professionnelle (pour des expositions, par exemple). Essayons pour commencer de distinguer ce qui motive les différents types d'impressions.

- La « trace », à la manière de l'ancienne photographie instantanée de Polaroid ou de Kodak, avec les imprimantes nomades, comme le périphérique de poche PoGo de Polaroid.
- La photographie souvenir, pour offrir ou insérer dans un album. Encres et papier compris, il vous en coûtera entre 0,20 et 0,40 € pour chaque tirage dans un format variant entre 10 × 12 cm et 10 × 15. Ici, la concurrence est rude pour l'imprimeur en herbe, car certains laboratoires en ligne proposent même parfois ce format à 0,10 € seulement par photo, livrable sous

48h. De plus, la qualité des impressions est tout à fait satisfaisante, tant au niveau de la restitution des couleurs que du contraste et de la netteté ; vous pourrez difficilement faire mieux.

- Le tirage d'exposition, qui englobe de multiples notions : la qualité requise bien entendu, mais aussi la magie de réaliser l'image que l'on a imaginée et parfois le désir de la produire soi-même. Faire « monter les gris », accentuer le contraste ou encore masquer une zone trop blanche sont des opérations qui relèvent autant de la technique que de l'art. Comme pour l'argentique, la maîtrise de la chaîne de production numérique apporte ainsi son lot de satisfactions. Dans ce cas, le coût de production a moins d'importance face au plaisir que l'on en retire ; on se laisse entraîner et les essais finissent par représenter de belles sommes.

Les fabricants d'imprimantes

Ces fabricants s'adressent au grand public. L'offre est variée et évolue constamment. Vous trouverez beaucoup d'informations sur leurs produits sur leur site respectif.

Brother : www.brother.fr
Canon : www.canon.fr
Epson : www.epson.fr
Fuji : www.fujifilm.fr
HP : www.hp.com
Kodak : http://imprimantes.kodak.fr
Lexmark : www.lexmark.fr
Olivetti : http://fr.olivetti.com
Olympus : www.olympus.fr
Sagem : www.sagem.com
Samsung : www.samsung.com/fr
Sony : www.sony.fr

Commander des tirages en ligne

La réalisation de tirages photographiques est grandement facilitée par les offres de services des laboratoires en ligne. On trouve parmi ceux-ci les acteurs historiques grand public, comme Cewe ou Photoservice, ce dernier s'étant recentré sur la vente en ligne, et de nouveaux arrivants depuis l'an 2000. Il est curieux de constater que les acteurs majeurs de la photographie argentique professionnelle, tels que Janjac, Picto, Central Color, Dupon ou Gamichon, malgré la chute de leur chiffre d'affaires, ne se soient pas reconverti dans ce nouveau métier.

Certaines de ces entreprises ont leur siège en France, d'autres sont installées dans d'autres pays (voir tableau des laboratoires grand public ci-après). Elles sont d'importance variée : Photoweb, myPIX (anciennement Pixmania), Photocité (France Loisirs), Fnac.com, etc. Leur chaîne de production permet la réalisation de plusieurs milliers de tirages par jour, comme Cewe qui réalise 1 milliard de tirages par an ! Les prix proposés défient alors toute concurrence (on trouve des tirages 11 × 13 cm à 10 × 15 cm à 0,09 € seulement).

Pour accéder à ces services, rien de plus simple : rendez-vous sur le site de l'entreprise souhaitée et créez-vous un compte utilisateur en indiquant votre identité et votre adresse de livraison. Laissez-vous ensuite guider afin de déposer vos premiers fichiers. En général, vous pourrez bénéficier d'un cadeau de bienvenue vous donnant droit à une vingtaine de tirages gratuits (attention, pas tous).

Attention aux formats lors de la commande, car ils ne correspondent pas toujours à celui de votre appareil de prise de vue. Vous aurez alors le choix entre conserver la pleine largeur de votre image ou la pleine hauteur ; vos images seront donc parfois tronquées.

Les tests effectués ont permis de comparer également la qualité des emballages, caractéristique importante car certains tirages sont arrivés écornés.

Quant à comparer les tarifs pratiqués, les offres sont tellement accompagnées de propositions complémentaires et de promotions sur une courte période qu'il devient assez difficile de réaliser un comparatif par ligne de produits.

Ainsi, même si vous vous connectez sur le site pour commander uniquement des tirages, vous serez sans doute tenté un jour ou l'autre par une offre comprenant les tirages souhaités avec en plus un mug à l'effigie du petit dernier, une montre, un puzzle, un pendentif, etc., ou alors par les liens renvoyant vers des offres commerciales «complémentaires». Vous devrez souvent vous faufiler parmi les pages commerciales pour arriver à la page de commande en ligne de simples tirages photographiques.

Quoi qu'il en soit, les délais et la qualité des tirages proposés sont globalement satisfaisants, ce qui est le plus important. Pour avoir testé une dizaine de laboratoires en ligne, je vous conseille toutefois de procéder à des tests en utilisant l'offre d'accueil (par exemple vingt tirages gratuits), afin de vous assurer de la qualité des prestations.

Offre type

- Tirages papier avec des offres variées: standard, avec ou sans marges, prestige ou poster.
- Tirages sur objet: mugs, agendas, calendriers, montres, coussins, sacs, etc.
- Livres: différentes options, plus ou moins luxueuses.

Services

- Dépôt simplifié de fichiers en ligne, souvent à l'aide d'une application JavaScript.
- Mise en page pour la commande de livres.
- Confirmation de la commande par envoi d'un e-mail.
- Suivi de l'état d'avancement de la livraison par envoi d'un e-mail.
- Mise à disposition d'une assistance technique, d'un manuel d'utilisation ou d'une FAQ pour vous aider lors des premières commandes. Vous pourrez ainsi bénéficier de conseils non négligeables sur le poids recommandé des fichiers en fonction du format de tirage souhaité. Là où il faut un fichier de 24 Mo en trois couleurs pour obtenir une impression A4 chez un imprimeur offset, on ne vous réclame ici qu'un simple fichier de 4 Mo!
- Fichiers acceptés: de 10 à 20 Mo au format JPEG.
- Gestion des profils colorimétriques pour certains sites; vous pouvez également télécharger le profil du laboratoire dans certains cas. À noter qu'il est souvent conseillé de ne pas trop manipuler les fichiers avec un logiciel de traitement des images tel que Adobe Photoshop. Pour obtenir des conseils sur ces différents sujets, le site fnac.com offre un bon tutoriel. Certains sites proposent aussi un service de retouche, soit intégré, soit réalisé en partenariat avec d'excellents spécialistes comme picnik.com.
- Différents choix de formats homothétiques ou non, avec ou sans recadrage.

Délais de livraison

- Tirages : de 48 à 72 h généralement.
- Objet et livres : de 4 à 8 jours.

Informations sur la production

- Lieu : France ou Europe.

Équipements types

- Machine pour tirages : Minilab Fuji Frontier, Agfa Dprint, Agfa Dlab2.
- Impression des livres : presses numériques HP Indigo.
- Principaux papiers utilisés : Kodak Royal Digital, Fujicolor Crystal Archive Supreme.

Atelier de Photoweb, presse numérique HP Indigo pour la fabrication des livres. (Photo Photoweb)

Laboratoires photographiques grand public.

Nom	Coordonnées
Bonusprint www.bonusprint.com	Bonusprint, Digital Printing Harrow, Middlesex HA3 0BR Royaume-Uni Contact : serviceclientele@bonusprint.com
Cewe www.livrephotocewe.fr	Cewe, 189, rue d'Aubervilliers, 75886 Paris Cedex 18 Tél. : 0810 441 834 Contact : support@livrephotocewe.fr
ExtraFilm www.extrafilm.fr	ExtraFilm France, Service Clientèle, 59787 Lille Cedex 9 Tél. : 0890 712 712 Contact : infos@extrafilm.fr
Fnac.com www.fnac.com	Contact dans les magasins ou par formulaire sur www.fnac.com›Contactez-nous›Tirages photos
MyPIX www.mypix.com	MyPIX, ZA des Clotais, Rue des Clotais, 91165 Longjumeau Cedex Tél. : 09 69 32 20 30
Photo www.photo.com	Photo.com, 333 North Michigan Avenue, Suite 3100, Chicago IL 60601 Tél. : 312-372-9800 Contact : support@photo.com
Photocite www.photocite.fr	France Loisirs, 123, bd de Grenelle, 75015 Paris Contact : servicephoto@photocite.fr
Photoreflex www.photoreflex.com	Numérique S.A.S., 16, rue de la Comète, 75007 Paris Tél. : 0 825 566 939 Contact : service-clients@photoreflex.com
Photoservice www.photoservice.com	Photoservice.com, Service clients, 55, route Jean-Briaud, 33693 Mérignac Cedex
Photostation www.photostation.fr	Photostation.fr, Services clients, 55, route Jean-Briaud, 33693 Mérignac Cedex Contact : utilisation-site@photostation-fr.com
Photoways www.photoways.com	Photoways, Service clients, ZI des Perriers, 37-39, rue de Beauce, 78500 Sartrouville Tél. : 0 826 30 22 20 Allez sur www.photoways.com›Contenu›Contactez-nous
Photoweb www.photoweb.fr	Photoweb, 17, rue de la Tuilerie, 38170 Seyssinet Pariset Tél. : 04 76 75 49 08
Pixum www.pixum.fr	Pixum/Diginet GmbH & Co, KG. Vorgebirgstr. 338, 50969 Cologne Contact : presse@pixum.fr
Snapfish www1.snapfish.fr	Snapfish by HP, 1, avenue du Canada, 91947 Les Ulis Cedex Contact : support@snapfish.fr

Confier ses images aux labos pro

Que dire des grands labos qui nous ont tous impressionnés, lorsque nous avons « osé » pour la première fois confier un de nos négatifs dans l'espoir d'obtenir de grandes choses. Être au même comptoir d'accueil, penché sur les mêmes tables lumineuses que Raymond Depardon, Guy Le Querrec, John Batho, au début cela impressionne. Bien sûr, la motivation est autre ; fréquenter un laboratoire photographique professionnel, c'est avoir la possibilité d'exprimer des souhaits lors de la commande, de dialoguer avec le tireur et de réclamer des modifications si le résultat n'est pas à la hauteur de vos attentes. Au gré des travaux, une complicité s'installe avec l'équipe des tireurs, on peut même parfois fidéliser « son » tireur. Ce mode de collaboration se traduit évidement par des tarifs supérieurs à ceux pratiqués par des laboratoires grand public, mais il n'est pas nécessaire d'être un pro pour fréquenter ces temples de l'image.

Il faut avoir dialogué avec ce que certains nommaient des « tireurs d'élite » pour comprendre qu'il n'est pas facile d'exprimer la quintessence d'un cliché. Ces professionnels sont là pour nous rappeler qu'il ne suffit pas d'être bien équipé pour obtenir le maximum d'une prise de vue ; les techniques numériques changent peu le problème. Les structures anciennes pouvaient employer jusqu'à trois cents personnes. Confrontées à la révolution numérique et aux économies faites par les entreprises en matière de communication, elles ont réduit la voilure, mais on trouve encore des équipes de plus de cinquante collaborateurs.

Un autre type de structure, totalement dédié au numérique, est né. La qualité définitivement professionnelle des techniques d'impression à jet d'encre a en effet permis l'émergence de prestataires traitant uniquement des fichiers et non des négatifs. On parle d'impression d'art, ou encore de « fine art ». La démarche professionnelle est toujours là, mais attention, vous ne trouverez dans ces ateliers que peu de machines : deux ou trois imprimantes, souvent en grande largeur. Là encore, vous obtiendrez une bonne qualité d'écoute de la part d'un tireur qui saura « révéler » votre fichier ou, au préalable, numériser votre Ekta. Avant l'impression, vous aurez à faire un choix en fonction du rendu souhaité parmi des papiers magnifiques, brillants, mats, plus ou moins épais, au grain plus ou moins important. Progressivement, vous pourrez établir une relation entre vous, le photographe, et le tireur, véritable « interprète-passeur » de votre création. Il faudra compter environ 60 € pour un tirage de 30 × 40 cm et 125 € pour un format 60 × 80 cm (prix TTC). La consultation des sites des entreprises citées ci-dessous vous informera plus précisément sur les tarifs pratiqués.

Laboratoires photographiques professionnels.

Nom	Coordonnées
Appui Image www.appui-image.com Laboratoire professionnel	62, bd Davout, 75020 Paris Contact: gstalder@appui.com Tél.: 01 44 64 86 44
Studio Franck Bordas www.atelierbordas.com Atelier d'art	37, rue Louise-Weiss, 75013 Paris Contact: studiobordas@mac.com Tél.: 01 47 00 31 61
Central Color www.central-color.com Laboratoire professionnel	10, rue Pergolèse, 75116 Paris Contact: sce.com@central-color.com Tél.: 01 44 17 13 50
Dupon www.dupon.com Laboratoire professionnel	Dupon Montmartre, 74, rue Joseph-de-Maistre, 75018 Paris Contact: contact@dupon.com Tél.: 01 40 25 46 00 Arka-Dupon, 52 rue Notre-Dame-des-Champs, 75006 Paris Contact: dupon.arka@dupon.com Tél.: 01 43 25 79 72 Dupon Bordeaux, 2, rue Giner-de-Los-Rios, 33800 Bordeaux Contact: dupon.bordeaux@dupon.com Tél.: 05 56 91 60 19
Fotodart www.fotodart.com Atelier d'art	21, rue du Faubourg-Saint-Antoine, Entrée D, 75011 Paris Contact: david@fotodart.com Tél.: 01 40 33 79 52
Ooblik http://atelier.ooblik.com Atelier d'art	3, rue Bossuet, 69006 Lyon Contact: contact@ooblik.com Tél.: 04 72 74 43 61
Photon www.labo-photon.fr Laboratoire professionnel	8, rue du Pont-Montaudran, 31000 Toulouse Contact: photonpro@labo-photon.fr Tél.: 05 61 62 44 95
Picto www.picto.fr Laboratoire professionnel À lire absolument: www.picto.fr/aide_1er_jet.html	Picto Bastille, 53 bis, rue de la Roquette, 75011 Paris Contact: bastille@picto.fr Tél.: 01 53 36 21 21 Picto Front de Seine 3-5, villa des Entrepreneurs, 75015 Paris Contact: front-de-seine@picto.fr Tél.: 01 44 37 50 50 / 01 44 37 50 51 Picto Méditerranée, Parc Club des Aygalades, Bât. 4, 31, bd Frédéric-Sauvage, 13014 Marseille Contact: pdenoueix@pictomed.com Tél.: 04 91 23 03 90 Picto Rhône-Alpes, 16, rue Étienne-Rognon, 69007 Lyon Contact: labo@picto-ra.com Tél.: 04 72 72 47 47 Picto Lille, 19, rue Nicolas-Leblanc, 59000 Lille Contact: picto@pictolille.com Tél.: 03 20 14 92 92 Picto Toulouse, 96, bis rue du Général-Bourbaki, 31200 Toulouse Contact: labo@pictotoulouse.com Tél.: 05 61 57 20 25
Traphot www.traphot.com Laboratoire professionnel	35, place Jules-Ferry, 92120 Montrouge Contact: reception@traphot.com Tél.: 01 46 56 87 27

Interview : Jean-François Camp

Directeur du laboratoire photographique professionnel Dupon, partenaire indéfectible des photographes créateurs.

Dupon est l'un des derniers grands laboratoires dédiés à la photographie professionnelle à Paris. La révolution numérique a provoqué la disparition de beaucoup de prestataires, dont les tâches sont désormais assumées de plus en plus par les photographes eux-mêmes : développement, retouche, tirages de lecture et même tirages d'exposition. Il faut beaucoup d'imagination et de combativité pour faire face au bouleversement du modèle économique de la photographie professionnelle. Jean-François Camp retrace un combat de quinze ans et décrit un positionnement plus que jamais dédié aux créateurs professionnels.

Pouvez-vous nous décrire l'évolution de votre métier ?

En 15 ans, beaucoup de choses se sont passées. Avec les années 1990 sont arrivées les prestations numériques, les premiers scanners et les premières tables de retouche. Les Ektas ont pu être numérisés, ce qui a permis la réalisation d'images composites et la retouche ; les visuels étaient ensuite matérialisés par le flashage d'un film (son insolation), c'est-à-dire le « shoot » réalisé sur Ekta. Cela a permis aux photographes que l'on appelle « plasticiens » de créer un nouvel imaginaire photographique à partir d'images composites. On mélangeait le noir et blanc et la couleur, la photo du produit avec l'image ludique, etc. Cet imaginaire a été repris par la publicité.

Un deuxième choc plus violent pour les laboratoires a eu lieu dans les années 2003-2005. La prise de vue numérique directe s'est développée avec un niveau de qualité de plus en plus grand et on a assisté à un effondrement du passage obligé par le laboratoire pour les photographes professionnels. Tous les ans, on perdait 20 à 30 % de clients photographes, créateurs et fabricants d'images qui n'avaient plus besoin de passer par le labo car ils n'avaient plus de films à développer. En plus, très vite, ils se sont équipés d'imprimantes Epson ou Hewlett Packard pour pouvoir produire eux-mêmes leurs tirages et donc court-circuiter tout à fait les labos. Pour le photographe, le calcul était simple : un avantage financier, avec certes un investissement lourd au départ, mais avec un coût de labo réduit à zéro.

En fait, il y avait aussi des désavantages. Ce nouveau type de production a conduit les commanditaires, entreprises, éditeurs et agences à supprimer tous les budgets de post-production. Ils ont réclamé aux photographes des fichiers finalisés. Là encore, les laboratoires ont été court-circuités. Seule, les structures déjà réputées dans la retouche ont su maintenir un niveau de chiffre d'affaires satisfaisant. Deuxième désavantage, les photographes se sont retrouvés progressivement isolés ; ils n'allaient plus au labo, lieu d'échange et de confrontation où ils rencontraient leurs confrères, leurs concurrents et les agences.

Comment votre laboratoire a-t-il réagit face à l'évolution du marché ?

Dupon a su maintenir le cap, car très tôt le laboratoire s'était orienté vers les entreprises (60 % du CA), en traitant avec les annonceurs sans passer par les agences de publicité. En fait, on s'est détourné de la transformation de l'image, en se spécialisant dans le tirage de cette image, telle qu'elle était fournie sous forme numérique par le client, et en développant des outils performants pour le grand format jusqu'au 300 par 180 cm, là où Dupon est toujours leader aujourd'hui.

Dans un autre secteur, celui de l'exposition, on a renoué le contact avec les photographes pour réaliser leurs tirages. Les lieux d'exposition se sont diversifiés. La photographie est sortie des musées en s'exposant dans les mairies, les conseils généraux, les festivals, etc. Dupon a ainsi développé un nouveau marché qui prospère depuis six ans. On a remarqué que le faible coût des assurances pour une exposition photographique avait également favorisé ce type de production qui a par conséquent dynamisé une création moins élitiste et compassée.

Un troisième secteur, celui de la vente d'œuvres photographiques s'est développé. Un photographe peut vendre un tirage d'une photo originale entre 500 et 50 000 euros. En général, le nombre d'exemplaires est faible ou les dimensions sont importantes. Par exemple, le tirage du photomontage de bibliothèque (p. 13) a coûté 3 000 € et a été vendu 15 000 €, en trois à cinq exemplaires. En règle générale, plus les dimensions sont importantes, plus le nombre d'exemplaires est faible. Pour un tirage 50 × 60 cm, le photographe commercialise en moyenne 20 exemplaires, contre 5 à 6 exemplaires pour un 120 × 180 cm. En revanche, les institutionnels commandent moins de tirages qu'avant ; ils exposent plutôt des originaux anciens, même si des institutions comme la Maison Européenne de la Photographie, à Paris, sont encore très actives – nous venons de réaliser une exposition Combas pour cet établissement.

La technique, elle, poursuit son évolution avec de nouveaux supports : des tissus, des bâches, des toiles, du papiers épais de type « fine art ». Un marché qui a totalement disparu en revanche, c'est celui qui touche aux petits formats (chez Dupon, on commence au 30 × 40 cm). Ces petits formats sont traités aujourd'hui par les laboratoires en ligne a des prix très réduits. Je ne suis pas certain que ce commerce soit très rentable ; en réalité, c'est plutôt La Poste qui en profite ! En fait, seuls les produits dérivés génèrent du chiffre d'affaires : les albums, l'image sur une assiette, sur du papier peint, etc. Dupon n'a pas pu aborder ce type de prestations industrialisées, car nous étions dans une culture de contrôle professionnel de la qualité. On reste plutôt dans ce que l'on pourrait appeler de la « haute couture ».

Aujourd'hui, sur Paris il reste quatre gros labos : Picto, Central Color, Dupon et Janvier ; citons Cyclope également, composé d'anciens tireurs de Publimod, positionné très « cousu mains » et tirages d'auteurs. Le marché s'est extrêmement rétréci a cause de l'évolution des outils, particulièrement des imprimantes jet d'encre. Chacun s'est équipé mais le travail n'est pas toujours bien fait ; de plus, il n'est pas certain que cela soit rentable de faire soi-même ces tirages qui nécessitent de nombreux essais plutôt que faire appel à des labos qui ont des processus bien rôdés.

Nous perdrons certainement d'autres parts de marchés. Les entreprises continueront-elles à utiliser les tirages argentiques, comme le Duratrans, pour l'affichage dans les aéroports ou les magasins ? Maintenant, on voit apparaître des écrans vidéo plasma qui pourront concurrencer ces tirages relativement onéreux. Un autre facteur de la baisse du chiffre d'affaires est la délocalisation de la production des tirages des campagnes de publicité. Hier, Dupon produisait l'intégralité d'une campagne Chanel ; aujourd'hui, les tirages sont réalisés dans les pays où ils sont diffusés. Parce que tout le monde possède les mêmes outils, le client préfère nous acheter un fichier fiable, bien calé, et faire réaliser le tirage par le laboratoire local, au Koweït, en Arabie Saoudite, etc., sachant que c'est la filiale qui paie et qui préfère donc acheter la prestation moins cher dans son propre pays. Dupon prépare et vend ainsi beaucoup de fichiers, paramétrés spécifiquement pour chaque pays.

Quel rapport avez-vous avec les photographes ? Comment envisagent-ils la conservation de leurs archives ?

Il y a toujours eu des créateurs pour tirer leurs propres images, et d'autres qui nous confiaient ce travail. Jeanloup Sieff faisait réaliser certains de ses tirages par le laboratoire Brégant, mais employait également plusieurs tireurs à son domicile. Aujourd'hui, par exemple, Sebastiao Salgado travaille avec deux tireurs, un argentique, un numérique. Il gère ses tirages en interne, sauf pour les formats supérieurs à 50 × 60 cm, que Dupon réalise pour lui. Il ne vend que du tirage traditionnel, mais utilise progressivement les techniques numériques. Ses déboires dans un aéroport, lors d'un voyage où il a dû faire passer ses films vingt fois à travers un portique de détection, l'ont convaincu d'adopter la prise de vue numérique. Pourtant, il revient chez Dupon pour réaliser des négatifs 4 × 5 pouces argentiques à partir de ses fichiers, ceci pour plusieurs raisons. D'abord par souci de pérennité ; le film semble en effet offrir de meilleures garanties de conservation qu'un simple fichier, et il est facile à classer dans des archives. Une autre considération, plus commerciale, est que le tirage argentique traditionnel apporte une valeur ajoutée par rapport au tirage numérique. Un tirage argentique ou argento-numérique (insolation d'un papier argentique à partir d'une information numérique), a plus de valeur marchande qu'un tirage jet d'encre dit « fine art » ou « giclée ». Les institutions commencent à acheter des tirages jet d'encre, mais avec beaucoup de réticences, et de toutes façons, ils les paieront moins cher qu'un tirage argento-numérique ou traditionnel.

Un autre exemple : Gérard Rancinan commande des films à partir de ses fichiers, pour la constitution de ses archives. Pour nous, c'est une technique complètement maîtrisée car, déjà à l'époque de la retouche, Dupon produisait des Ektas à partir des fichiers réalisés sur les palettes graphiques.

Tous ces photographes cherchent à pérenniser leurs images et je suis persuadé que le tirage ou le négatif sont aujourd'hui beaucoup plus sûrs que des fichiers qui sont stockés un peu partout, sur CD ou sur disques durs, même en double exemplaire, car personne ne connaît la pérennité de ces supports. Chez Dupon, les fichiers sont bien sûr gravés sur DVD, mais on devrait vérifier tous les cinq ans leur état de conservation, ce que l'on ne fait pas... À titre d'exemple, tous mes CD d'il y a dix ans ne sont plus lisibles !

Interview : David Attal et Hervé Pain

Regard sur Fotodart, le compagnon numérique des photographes.

David Attal et Hervé Pain ont fondé Fotodart il y a quatre ans. La création d'un lieu spécialisé dans le jet d'encre ne s'est pas fait aisément à l'époque, plutôt même dans la douleur, au regard des réticences de certains professionnels. Nos compères n'ont pas échappé au doute de certains pros de l'argentique, comme c'est le cas à chaque étape de l'évolution des techniques.

Le jet d'encre a évolué depuis quatre ans, en termes de pérennité des encres et de richesse des gammes de papier. Progressivement, la technique a fait ses preuves et a su convaincre. Certains adeptes investissent et tentent par eux-mêmes la révolution de l'impression jet d'encre ; d'autres préfèrent confier leurs prises de vue à ces tireurs d'élite de la nouvelle génération. L'atelier de Fotodart est modeste, mais l'accueil est soigné, quel que soit le renom du client, et le talent du tireur est au rendez-vous.

Peut-on dire que le tirage jet d'encre égale aujourd'hui le tirage argentique ?

Oui, les nouveaux papiers barytés, réellement disponibles depuis un an, permettent d'atteindre une qualité et une pérennité pratiquement équivalente. En plus, les techniques numériques apportent un énorme avantage sur le tirage traditionnel, c'est la reproductibilité; tous les photographes ont un jour rencontré des difficultés, après une exposition par exemple, à obtenir et fournir des tirages identiques. Le numérique permet la mémorisation de tous les paramètres de réglages avant l'impression.

Quelle est la clientèle de Fotodart ?

Tous les passionnés de la photographie, ceux qui craignent de détériorer leurs fichiers RAW, ceux qui ne veulent pas assurer cette tâche en considérant comme en argentique que ce n'est pas leur travail et ceux qui attendent quelque chose du tireur, et c'est là qu'il y a une réelle connivence.
Nous accordons notre attention à tous les familles de photographes, aussi bien l'amateur qui vient de Rouen en TGV pour soumettre ses fichiers à l'œil expert d'Hervé, que Yann Arthus-Bertrand confiant à l'atelier une exposition entière.

Quels sont vos tarifs ?

Nous pratiquons un tarif unique, quel que soit le type de papier choisi par le client, avec un Ekta à scanner ou non, sauf si le client désire récupérer le fichier du scan; celui-ci est alors facturé. Un tirage 40 × 60 cm coûte par exemple 61 euros hors taxes.

Quels conseils donneriez-vous aux passionnés qui voudraient vous soumettre une image ?

Si c'est un document argentique, l'idéal est de nous confier la numérisation. Nous avons à la fois un savoir-faire et un équipement qui nous permettent d'optimiser au maximum une image. Nous utilisons un scanner Imacon/Hasselblad très performant. Même si la résolution n'est pas la plus haute, il vaut mieux un scan net à 3 200 dpi qu'un scan flou à 4 800 !
Si le photographe produit en numérique, un fichier RAW non développé est préférable, car nous saurons en extraire la quintessence. L'idéal est qu'il nous fournisse aussi un tirage ou un JPEG d'intention réalisé par lui. Mais des fichiers PSD, TIFF ou JPEG sont bien entendu également acceptés.
La préparation du fichier représente 95 % du temps de production d'une image. C'est une étape importante où nous investissons tout notre savoir-faire. Certains clients nous confient même des expositions à réaliser, non pas en jet d'encre, mais sur tireuse Lambda (tireuse laser sur papier argentique de la marque Durst), car ils veulent que nous assurions la préparation de leurs fichiers.

Comment va évoluer votre profession ?

Aujourd'hui nous revendiquons une qualité de travail et d'accueil. Il n'est pas exclu que de nouvelles structures voient le jour, créées par d'anciens tireurs ou photographes qui auront le même cursus que nous. Il y aura toujours des photographes qui voudront réaliser leurs tirages eux-mêmes, mais cela a toujours été. La simplification des moyens de production a toujours provoqué ce mouvement d'intégration par les photographes, le tirage argentique, puis la numérisation, la retouche et même la sélection quadri sont des tâches que le photographes a successivement eu envie d'intégrer, soit par passion, soit par intérêt économique.

2 Comment contrôler ses images ?

Cette question se pose depuis très longtemps et a fait l'objet de nombreux débats. Depuis le début du XXe siècle, les créateurs, les interprètes et les producteurs se battent pour que leurs droits ne soient pas spoliés.

L'explosion des sites communautaires a accentué les craintes déjà exprimées depuis l'apparition du Web. En effet, la promotion des échanges par les réseaux sociaux a favorisé plus ou moins volontairement une synonymie entre «publication» et «partage». Il semble aujourd'hui acquis – à tort – qu'un document mis en ligne est à la disposition de tous. Le développement de plates-formes telles que Wikipédia, pour le savoir, ou Flickr, pour les images, a quelque peu discipliné la communauté par la mise en place de règles de copyright. Même si aucune garantie n'est offerte par la déclaration d'intention (voir plus loin les explications sur les Creative Commons), cela favorise néanmoins une certaine sensibilisation du public quant au problème de droit d'auteur.

Faisons le point sur les mesures à prendre pour que vous, créateur, n'ayez pas le sentiment d'être piraté ou volé lorsque vous décidez de publier une image sur le Web. Les risques d'utilisation, avec ou sans votre consentement, et d'atteinte à vos droits sont de différents niveaux :

- avec négociation appelant une rémunération ;
- avec votre accord, sans rémunération ;
- sans votre accord, avec l'identification de votre patronyme ou l'adresse de votre site web ;
- sans votre accord, sans identification ;
- sans votre accord, sans identification et avec déformation.

Sans être juriste, nous pouvons rappeler les mesures à prendre, lesquelles relèvent du bon sens la plupart du temps. Elles sont de deux types : de l'ordre de l'information et au niveau technique.

Protéger par l'information

Regardons l'environnement de votre création : il y a l'image, ou du moins le fichier qui la représente sur un écran et qui est véhiculé sur un réseau ; il y a l'environnement de ce visuel, sur une page web ; enfin, il y a le site qui héberge cette page (communautaire grand public, professionnel d'entreprise ou agence photo, par exemple, ou encore un site personnel). Le bon sens voudrait qu'à chacun de ces niveaux, le lecteur soit renseigné par une note d'information sur l'aspect juridique, une sorte d'avertissement, de règlement interne ou d'usage, informant l'internaute de ses obligations et des restrictions d'utilisation concernant ce qu'il voit et ce qu'il peut récupérer.

Un site web

Un site web doit afficher le plus lisiblement possible la réglementation concernant l'utilisation éventuelle par les internautes des éléments affichés (textes, images, animations...) mais, surtout, il est important d'y expliquer les possibilités de négociation. Le plus souvent, les avertissements affichés sont peu didactiques. Ainsi, la mention « Reproduction interdite » est un peu lapidaire à mon sens.

Si vous gérez un site web, amateur ou professionnel, rédigez un petit texte de mise en garde précisant les restrictions d'utilisation du contenu du site. Indiquez clairement la procédure à suivre en cas de demande d'utilisation. Vous devez différencier les utilisations privées des utilisations publiques et commerciales. Par exemple, vous pouvez donner une autorisation à titre promotionnel, mais pas pour l'exploitation commerciale (illustration dans un livre, etc.) À mon sens, il ne suffit pas de se retrancher derrière la loi française et le Code de la propriété intellectuelle, qui protège automatiquement l'auteur dans son droit moral de créateur. Il faut informer les utilisateurs de leurs obligations.

Une page HTML

De la même manière, au sein d'un site, une mise en page, c'est-à-dire, chaque écran, doit renseigner le visiteur sur les crédits photo et des limites d'utilisation. S'il s'agit d'un site dédié à la photographie, une base de données d'images, ou plus particulièrement une photothèque d'entreprise, la fiche documentaire liée à chaque image doit comporter une zone juridique.

Une image

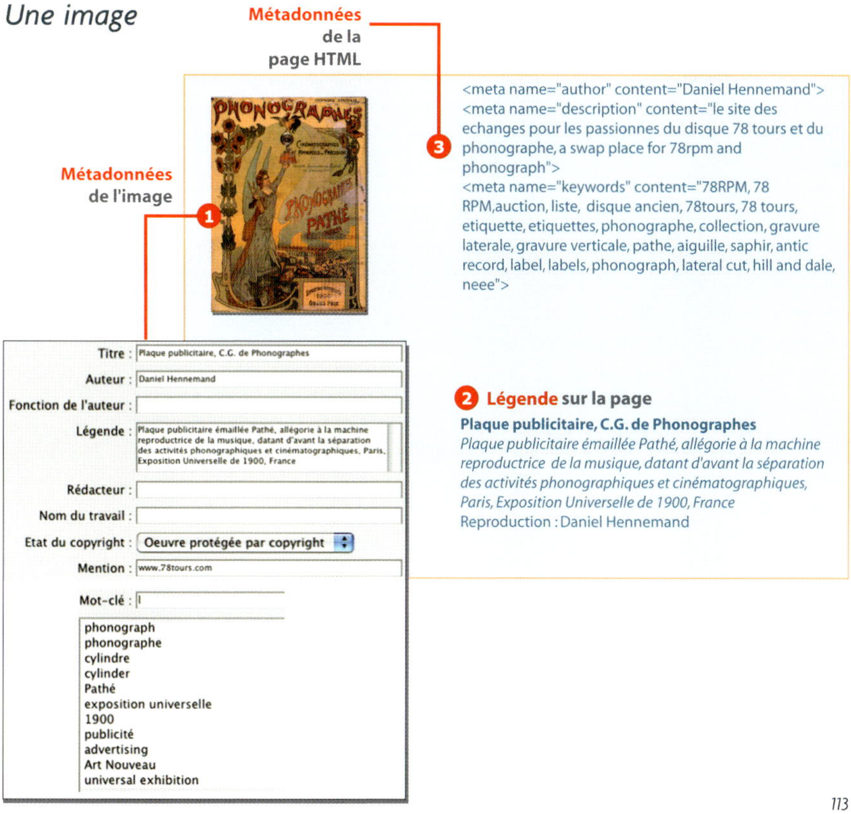

La protection de votre création se fait de manière complémentaire à différents niveaux : l'objet image et ses métadonnées, la mise en page et son texte, les métadonnées de la page elle-même (code source).

Nous sommes ici au niveau de l'élément primaire, de l'objet numérique que nous voulons protéger. Vous avez l'obligation de gérer les informations contenues dans le fichier lui-même. Nous avons déjà parlé de l'indexation des images et de la saisie des métadonnées (voir chapitre 5 p. 75). Vous devez respecter ces procédures, ceci pour sécuriser l'exploitation du document mais également pour donner à l'acheteur éventuel l'envie de revenir vers vous, de dialoguer ou de négocier.

Les moyens techniques de protection

Un objet ou une page HTML peut être verrouillé au niveau du code HTML. Ceci empêchera le glisser-déposer, le clic droit (l'enregistrement du fichier) et même la copie d'écran, cette dernière opération étant la plus difficile à réaliser techniquement. Il existe d'autres mesures techniques, parmi lesquelles vous pouvez choisir selon vos impératifs.

- L'image est filigranée (on dit aussi « watermarquée »).
- La résolution de l'image est baissée à 72 dpi pour permettre la consultation mais pas l'exploitation. Cependant, il faut avoir conscience qu'une image de 600 × 800 pixels en 72 dpi donnera une image de 300 × 400 pixels en 144 dpi, imprimable sur une machine jet d'encre avec une qualité honorable et à un format de 6,7 × 5 cm en offset, à 300 dpi…
- La compression JPEG choisie est élevée afin de dégrader le visuel ; la dégradation n'est pas visible à l'écran mais elle suffit à empêcher une impression correcte.
- Des techniques Flash ou Ajax renforcent les possibilités de verrouiller les copies d'image.
- Le blocage du « hotlinking » (voir encadré suivant).

Qu'est-ce que le hotlinking ?

Bon nombre de sites proposent l'hébergement de vos images et l'édition de liens URL. Ces derniers vous donnent la possibilité de publier vos images sur d'autres sites sans avoir à recopier les fichiers ; c'est ce que l'on appelle le « hotliking ». Les pages du second site, FaceBook par exemple, vont « se nourrir » des images résidant sur un site « source » de type Flickr. Vous pouvez interdire ce type de fonctionnement en intervenant au niveau du code informatique de votre site.

Comme tout verrou peut être forcé, il existe aussi une technique du niveau de l'agent secret, le tatouage discret. Seul l'auteur connaît l'endroit où il a retouché un pixel sur chacune de ses images ! Pour ma part, partant du principe que l'on gagne à être connu si l'on peut être identifié, je vous conseillerais de ne pas trop investir dans ces verrouillages qui peuvent avoir un impact négatif sur le référencement de vos images car ils freinent les moteurs de recherche. Je vois plus d'avantages à communiquer une image correctement identifiée.

Ainsi, si vous devez consacrer du temps à la protection de vos images, renseignez soigneusement les champs IPTC/XMP dans vos fichiers par le biais de votre gestionnaire d'images, en amont bien entendu de l'importation dans les sites communautaires du type Flickr, Picasa Albums Web ou autres.

Exemples de détournements

Lorsque les enjeux ne sont pas importants, la reprise de vos images peut être amusante, surtout si elles sont signées ou si le « pirate » a demandé la permission *via* le réseau de Flickr. Les exemples qui suivent essaient de dédramatiser ce comportement tout en vous alertant sur ces phénomènes d'emprunt. Moi-même, je me laisse souvent convaincre… en dehors du cadre professionnel. Vous déposez quelques images sur votre site personnel ou sur votre compte Flickr, et voilà !

Qui a dit que mes tulipes n'étaient pas belles ?

Je précise que le reflet est animé et que l'image est signée… affreux !

Me voilà célèbre au Japon avec la signature « Photogestion ». Que dire ?

C'est un peu lapidaire comme demande d'autorisation…

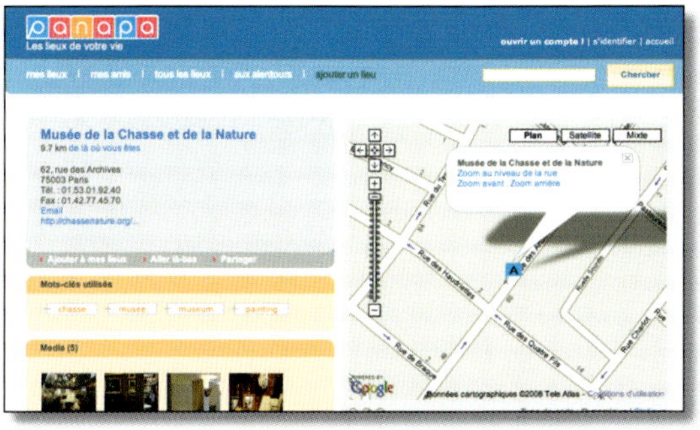

… mais c'est pour la bonne cause. En plus, je risque des problèmes avec le Musée de la chasse et de la nature, à Paris.

Exemple d'un guide touristique en ligne utilisant Flickr comme source d'illustration.

Protéger ses images sur les sites communautaires

Lorsque vous publiez vos images dans le but de les partager avec une communauté large, il faut vous intéresser aux possibilités d'identification de votre travail. Si vous utilisez les services de Flickr, par exemple, vous avez certainement découvert la proposition qui vous est faite de déclarer les limites de session de vos droits, sous l'égide d'une réglementation dite « Creative Commons » (voir fr.creativecommons.org/index.htm). Vous pouvez par exemple autoriser la copie sans modification de votre image, pour une exploitation non commerciale, pour peu que vous soyez cité comme l'auteur de la photo. De la même manière, lorsque vous consultez un article de l'encyclopédie libre Wikipédia (fr.wikipedia.org), vous avez certaines obligations quant au respect du droit d'auteur, tout en bénéficiant de cette information pour une utilisation personnelle.

Creative Commons est une classification des utilisations possibles d'un document. Elle a pour but de faciliter le partage des œuvres sur Internet, dans un contexte de gratuité, mais dans le respect des auteurs. Nous sommes en effet dans un contexte de communication grand public où l'échange sans but lucratif reste majoritaire, mais certains amateurs ne dédaignent pas l'idée de se voir rémunérer lorsque leur travail est utilisé, ce qui peut paraître tout à fait justifié.

Creative Commons propose une démarche volontaire de partage alors qu'en France, le simple fait de publier une œuvre protège l'auteur d'une manière très précise grâce au Code de la propriété intellectuelle (voir sur le site www.legifrance.gouv.fr/affichCode.do?cidTexte=LEGITEXT000006069414&dateTexte=20080118, et le livre d'Éric Delamarre, *Profession photographe indépendant*, aux éditions VM).

Il ne m'appartient pas de juger du bien-fondé du système mis en place sur ces plates-formes. Je me contenterai ici de décrire l'échelle d'autorisations qui vous est proposée (voir ci-dessous) et de vous rappeler qu'il est impératif de maîtriser votre patrimoine et d'indexer correctement vos images, si possible dans les métadonnées de type IPTC/XMP, avant toute mise en ligne.

Creative commons : résumé des limitations d'utilisation

Le détail des informations liées aux Creative Commons est accessible sur le site Creative Commons France grâce au lien http://fr.creativecommons.org/index.htm Nous vous donnons ci-dessous un résumé des implications des différentes options disponibles pour protéger vos œuvres.

Licence Paternité
Vous autorisez la copie, la distribution, l'affichage et la communication de votre œuvre protégée. Vous autorisez également sa modification, à condition que votre nom soit cité.

Pas d'utilisation commerciale
Vous autorisez la copie, la distribution, l'affichage et la communication de votre création. Vous autorisez également sa modification, mais à des fins non commerciales uniquement.

Pas de modification
Vous autorisez uniquement la copie, la distribution, l'affichage et la communication de copies identiques de votre œuvre.

Partage selon les conditions initiales
Vous autorisez la distribution de votre œuvre modifiée uniquement sous un contrat identique à celui qui régit votre œuvre originale.

Exemples de combinaisons de limitations d'utilisation.

Creative Commons	Icônes
Licence Paternité	
Licence Paternité Pas de modification	
Licence Paternité Pas d'utilisation commerciale Pas de modification	
Licence Paternité Pas d'utilisation commerciale	
Licence Paternité Pas d'utilisation commerciale Partage selon les conditions initiales	
Licence Paternité Partage selon les conditions initiales	

3 Les solutions pour diffuser ses images

Partagez dès aujourd'hui vos images, vos vidéos et vos sons sur des sites plus ou moins sophistiqués, à l'interface plus ou moins simple à appréhender, mais que vous pouvez en tout cas tester car il existe toujours une offre de base gratuite. Faisons un tour d'horizon des différentes possibilités de publications que vous pouvez utiliser selon vos besoins :

- vous transmettez des fichiers à un destinataire (*via* un hébergeur de données et un service de transfert de fichiers lourds) ;
- vous communiquez vos créations vers des destinataires identifiés (portail dédié aux photographes, sites) ;
- vous mettez en ligne des images pouvant intéresser des publics de familiers ou d'anonymes (blog, site communautaire).

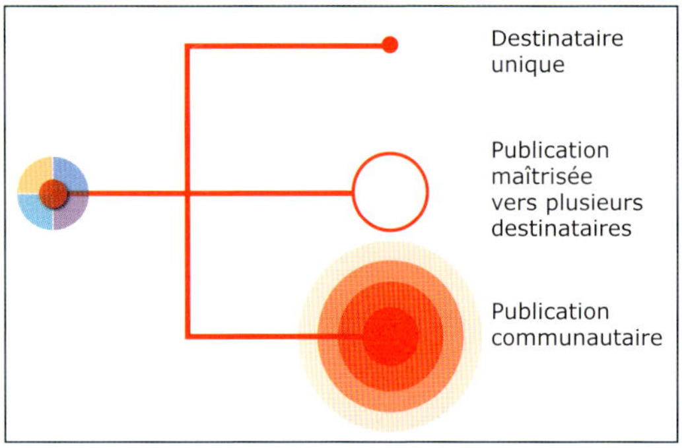

Les différentes destinations de vos images.

Pour échanger et diffuser votre production, vous pouvez créer votre propre blog, utiliser les services d'un site dédié aux photographes, vous inscrire en une minute sur un album en ligne ou encore vous appuyer sur votre laboratoire photographique qui vous offre le gîte et le couvert, pour peu que vous consommiez un peu. Les services rendus et les coûts sont évidemment différents suivant la solution retenue.

Le développement de réseaux sociaux type Facebook et MySpace a largement contribué à l'explosion de ces aires de partage dédiés à l'image, à la vidéo et même aux documents bureautiques. Les plus populaires sont Flickr de Yahoo! et Picasa de Google. Facebook revendique 10 milliards d'images, Flickr plus de 3 milliards... Le temps d'imprimer ce chiffre le rend obsolète puisque la page d'accueil de Flickr vous informe que 5 000 images viennent d'être déposées durant la dernière minute! Bref, un grand succès !

Les bénéfices de ces services sont nombreux, mais modérons notre enthousiasme. D'une part, il s'agit de solutions d'hébergement et de diffusion que vous ne maîtrisez pas et, d'autre part, elles ne s'engagent pas quant à la sécurité de vos fichiers. Prudence et raison sont donc de mise. Si ces outils sont formidables pour communiquer, ils ne le sont pas pour sécuriser vos images et les informations documentaires correspondantes (légendes, mots-clefs/tags, etc.). Le tableau ci-après offre un résumé des types d'outils et de services destinés à transmettre et à exploiter vos images.

Les solutions pour exploiter vos images.

Types de solution	Utilité
Transfert de fichiers lourds	Un service simple pour communiquer des fichiers lourds (100 Mo/1 Go) à un ou plusieurs destinataires. Chaque action est enregistrée, ce qui permet une traçabilité de vos envois et des réceptions par vos destinataires (date, heure, identité). Les fichiers sont temporairement conservés et réutilisables pour de nouveaux envois.
Sites personnels	Vous maîtrisez le contenant et le contenu si vous vous transformez en développeur de site ; autrement, vous pourrez adopter une des solutions standard immédiatement opérationnelles proposées par les éditeurs.
Blogs	Cet outil simple d'emploi vous permet d'éditer des chroniques illustrées par vos images, présentées dans l'ordre d'édition. Vous pouvez héberger votre blog vous-même en installant un produit libre (gratuit) à l'apparence paramétrable, en vous aidant des conseils d'une communauté très active, ou utiliser les services offerts par un éditeur de la presse quotidienne ou magazine, par exemple. Dans ce dernier cas, vous vous concentrez uniquement sur les contenus.
Portails dédiés aux photographes	Vous bénéficiez d'une interface aux fonctionnalités dédiées à la photographie. Ces solutions sont fréquemment utilisées par les photographes professionnels pour soumettre leurs travaux à leurs commanditaires.
Visionneuses en ligne	Cet outil sert uniquement à voir et expédier vos images avec des poids de fichiers limités.
Laboratoires photo	Vous déposez des fichiers pour la réalisation de tirages photo. Un service hébergement vous est offert.
Sites communautaires	La « cour des grands » pour amateurs qui désirent partager leurs images accompagnées d'informations documentaires, techniques et juridiques. Capables d'accueillir des fichiers importants, ces solutions pour amateurs semblent séduire de plus en plus de professionnels.
Hébergeurs de données	Les professionnels de l'hébergement de données se diversifient en s'ouvrant au marché grand public. Ils proposent des services simples de stockage et de partage de vos images, de vos vidéos et de vos sons.

Transmettre un fichier lourd

Si vous communiquez des images chaque jour, vous savez qu'envoyer un fichier par e-mail est simple, mais lorsqu'il s'agit d'un reportage entier, il est alors préférable de procéder autrement. Par ailleurs, en plus du simple envoi de données, vous pouvez vouloir vérifier que votre interlocuteur a bien reçu l'envoi. Il existe des plates-formes de transfert pour véhiculer de façon sécurisée vos documents numériques, jusqu'à plusieurs gigaoctets.

Vous expédiez vos fichiers à un destinataire ; celui-ci reçoit un e-mail comportant un lien vers le site de l'hébergeur provisoire. En cliquant sur ce lien, il se connecte à une page web lui proposant de télécharger les fichiers. Vous pouvez déposer ceux-ci un par un ou par lots, et vous conservez le contrôle sur votre envoi et sa réception, grâce à l'accusé de réception notamment.

Les avantages de ces services sont les suivants :

- la traçabilité ;
- la souplesse ;
- la disponibilité : le ou les destinataires se connectent et récupèrent les documents lorsqu'ils le souhaitent ; leur messagerie n'est pas surchargée d'e-mails volumineux ;
- l'importance du stockage proposé.

Pour garantir la confidentialité des échanges, certaines liaisons sont sécurisées avec un mode de liaison dit « HTTPS » ou « SSL/HTTPS », offrant un degré croissant de sécurité de la communication (voir dans le tableau, ci-après). Cette méthode de transmission ne nécessite pas d'installation de programme dédié, dans la version de base, et remplace la traditionnelle liaison FTP (*File Transfer Protocol* : protocole de transfert de fichiers). Rappelons que le FTP établit une liaison entre deux adresses IP et gère la transaction de manière fiable. Entre autres, en cas de coupure, il gère la cohérence des séquences de transfert. Pour rechercher des prestataires, tapez les mots-clefs suivants dans un moteur de recherche : transfert, fichier, gros, transférer, sécurisé.

Un exemple : YouSendIt

Ce « transmetteur de fichiers » propose une offre de base gratuite ou un abonnement professionnel. Plusieurs services vous sont proposés pour expédier vos fichiers à l'unité, par lots, avec ou sans hébergement de vos fichiers et/ou des fichiers vous étant adressés :

- jusqu'à 100 Mo, le service est gratuit ;
- jusqu'à 2 Go et avec un hébergement de 2 Go, il coûte environ 7,5 €/mois ;
- jusqu'à 2 Go avec un hébergement de 6 Go, il coûte environ 23 €/mois.

Vos destinataires recevront un message avec votre commentaire et un lien de type : https://download.yousendit.com/TTZsZGlqQ0N0NjhLSkE9PQ. En cliquant dessus, ils accéderont à la page de téléchargement.

Page de téléchargement de YouSendIt.

YouSendIt propose des extensions facilitant les envois à partir de Adobe Photoshop, Aperture, Final Cut Pro, Microsoft Office, etc.

Liste de prestataires pour le transfert de fichiers lourds.

Prestataire	Poids maximal du fichier	Conservation des données	Sécurisation des transferts
Abigmail www.abigmail.com	Poids cumulé/mois : - 10 Mo (abonnement gratuit) ; - 100 Mo (16 €/an)	14 jours	Oui
dl.free.fr http://dl.free.fr http://dl.free.fr/wiki/index.php/Accueil	Web : 1 Go FTP : 10 Go	30 jours sans téléchargement	Mot de passe
myCoursier www.mycoursier.com	100 Mo	7 jours	SSL/mot de passe
NextSend www.nextsend.com	2 Go	15 jours	SSL/HTTPS
YouSendIt www.yousendit.com	Poids maximal du fichier envoyé : - 100 Mo (version gratuite) - 2 Go (version payante)	Volumes hébergés : - 0 pour le service gratuit ; - de 2 à 20 Go pour les services payants	SSL/HTTPS

Les sites personnels

Vous avez la possibilité de gérer votre propre espace de communication sur Internet, soit en le développant vous-même, soit en souscrivant un abonnement chez un éditeur spécialisé qui mettra à votre disposition un espace d'hébergement paramétrable et des fonctions immédiatement opérationnelles, soit en adoptant une solution gratuite proposée par des grands éditeurs comme Google.

Si vous maîtrisez les techniques de programmation HTML (le code utilisé pour créer les pages web), vous pouvez créer votre propre site et illustrer vos pages de photographies et d'illustrations, les vôtres ou celles d'autres personnes (pour lesquelles vous disposez des droits d'utilisation, bien sûr). Vous pouvez vous reporter au livre de Mathieu Nebra, *Réussir son site web avec XHTML et CSS* (2e édition), aux éditions Eyrolles.

Attention, si vous ne verrouillez pas techniquement vos images, elles risquent d'être récupérées. Cela peut être bénéfique pour votre promotion, à condition que vous n'oubliez pas de les référencer en indiquant votre nom d'auteur et les coordonnées où l'on peut vous joindre. Toute personne récupérant l'une de ces images devra pouvoir vous identifier et vous solliciter pour toute exploitation (voir le chapitre « Comment contrôler ses images ? » p. 112). De très nombreux sites, y compris des sites d'agences, ne gèrent malheureusement pas les métadonnées des images qu'ils proposent en consultation. Une fois qu'elles ont été téléchargées par l'internaute, elles deviennent donc anonymes, et celui-ci ne peut plus solliciter l'auteur. Résultat, même si l'internaute, amateur ou professionnel, souhaite négocier le droit à utiliser une de vos images, il est dans l'incapacité de vous joindre.

Gérer un projet de site réalisé par un tiers

Si vous désirez confier la réalisation de votre site à une entreprise, un webmaster indépendant ou un ami, vous devez définir les limites de la commande et les engagements de chacun. Trop de sites ont été abandonnés ou sont restés bloqués à la suite de mésententes entre le commanditaire et le prestataire. Soyez donc clair quant à vos objectifs et aux moyens dont vous disposez.

Votre interlocuteur devra s'engager sur une prestation définie par votre cahier des charges, aussi simple soit-il. Celui-ci comportera au minimum les éléments suivants :

- un descriptif de la maquette ;
- l'arborescence, c'est-à-dire le plan de votre site, en fonction de l'importance de vos sujets et des liens qu'ils ont entre eux ;
- les fonctions principales qui enrichiront éventuellement le site, comme la possibilité d'agrandir les images, d'importer/d'exporter des fichiers de poids important ou, au contraire, l'utilisation d'un mode d'affichage interdisant cette récupération ;
- les objectifs de référencement : moteurs de recherche, annuaires, délais espérés, moyens nécessaires, etc. ;
- les dates de validation et de livraison ;
- le prix de la prestation.

Un accord bien fait doit enfin définir les modalités de résiliation et de récupération des données : « Si on se quitte, qu'est-ce que je récupère ? » Pas d'ambiguïté, pas de frustration, pas de perte de données.

Le coût de réalisation d'un site dépend d'une part de son degré de sophistication et, d'autre part, du statut du réalisateur. Les intervenants peuvent avoir le statut d'agence, mais également d'artisan; les prix varient donc énormément, mais vous pourrez obtenir un site de dimensions modestes pour un budget allant de 2 000 à 4 000 euros TTC.

Réaliser son site en quelques clics

Sites Google.

Il semble loin le temps où la connaissance du code HTML était un préalable à la publication sur Internet. Aujourd'hui, les offres gratuites sont pléthores et la réalisation de sites n'échappe pas à cette règle.

Dans le domaine du gratuit, où Google semble être l'acteur dominant, cette compagnie nous propose Google Site. Cette application vous permet de réaliser rapidement votre site personnel, certes pas très sophistiqué, mais en choisissant parmi les modèles de pages proposés, on réalise une ébauche en une heure.

Les sites dédiés aux photographes professionnels

Ces sites sont étudiés pour satisfaire avant tout aux besoins particuliers des photographes quant à l'hébergement de leurs images et à la possibilité d'envoyer des sélections de fichiers importants à des clients.

Un exemple : Photosapiens

Le site Photosapiens propose un ensemble de services dédiés à la photographie.

- Un site d'actualités sur la photographie. Événements et nouveautés techniques y sont annoncés et traités.
- Un ensemble d'annuaires, à commencer par celui consacré aux photographes. Chacun dispose d'un blog et de 80 photos pour 150 € HT/an.
- Un serveur d'hébergement pour photographes professionnels (25 à 50 € HT/mois pour 500 Mo à 1 Go).

Pourquoi choisir cette option ? Encore une fois, cet ouvrage ne prétend pas conseiller LA solution. Je préfère vous accompagner dans une approche où chacun doit pouvoir se forger une opinion, selon ses propres critères et besoins.

Le téléchargement peut se faire à l'unité ou par lots, comme ici, avec l'interface Java.

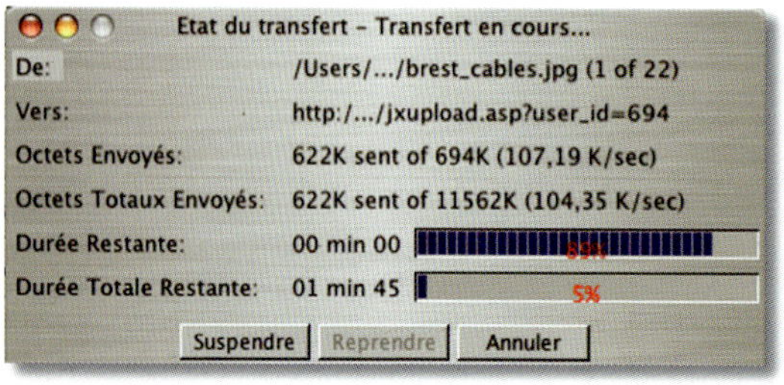

Photosapiens, pour sa partie hébergement, n'a pas le look des sites de nouvelle génération utilisant Flash et le Web 2.0, mais semble être intéressant par son appartenance au monde de l'image (depuis 10 ans) et par le fait qu'il s'agit d'une structure organisée de l'information en base de données. L'internaute navigue donc dans un schéma de sujets classifiés avec une logique compréhensible, un peu comme le sommaire d'un ouvrage, à l'opposé des sites où les sujets sont affichés en listes. Il y a sans doute quelque chose de culturel et de générationnel dans ceci mais, pour présenter un travail photographique comprenant plusieurs thèmes, je trouve qu'un site structuré est plus adapté qu'un blog aux publications chronologiques. Pour conclure sur cet exemple, j'ajouterai que le service semble fiable avec une assistance en ligne excellente claire et réactive. Son seul point faible, pour les aficionados de la culture web gratuite, c'est qu'il est payant.

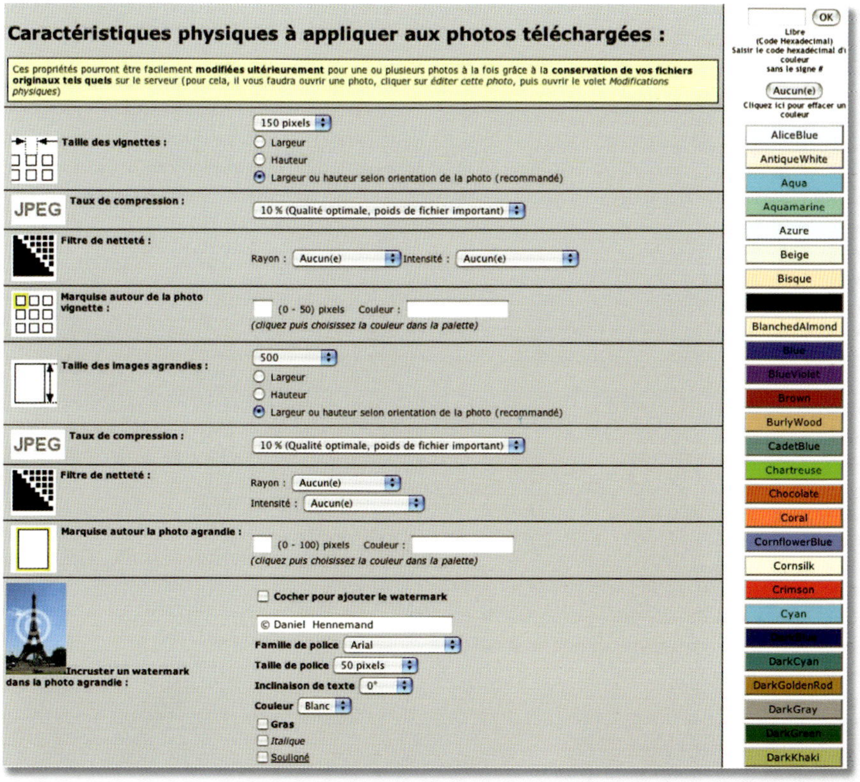

Le paramétrage est personnalisable : taille des vignettes, installation d'un watermark, taux de compression des JPEG...

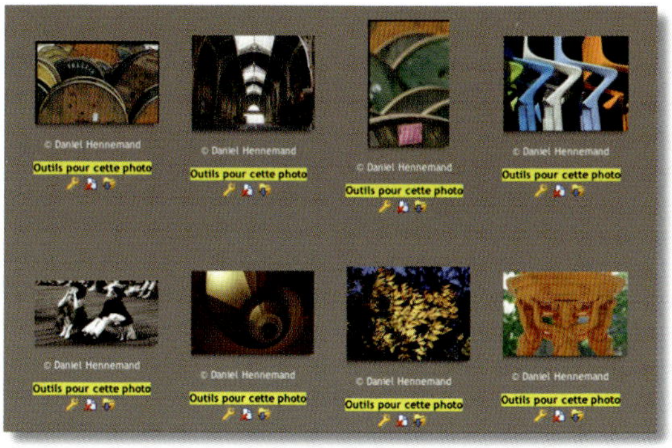

Mosaïque donnant accès au téléchargement et à l'édition de la fiche documentaire.

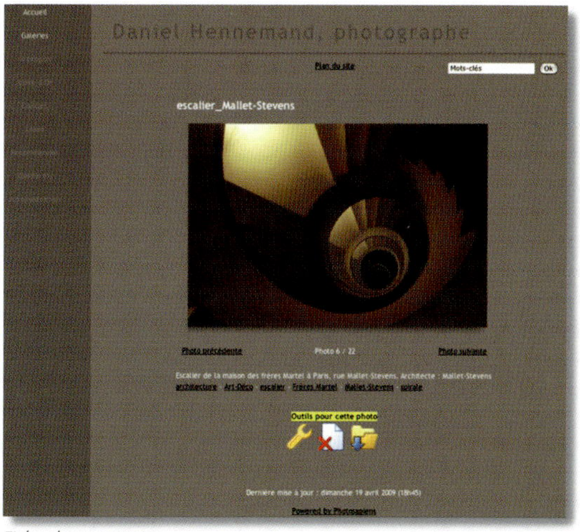

Fiche documentaire.

Les blogs

Le blog est un microsite opérationnel instantanément. Il vous permettra de publier votre travail sous forme d'articles commentés et illustrés. Il est conforme aux standards actuels de la communication sur le Web et vous permet d'accueillir des médias issus de sources extérieures : votre téléphone, un autre site, votre compte sur un site communautaire, etc. Vous hébergez par exemple vos images sur Picasa et tissez un lien entre certaines d'entre elles et votre blog pour les y faire apparaître (hotlinking).

Les caractéristiques et avantages du blog sont les suivants.

- Publication rapide d'articles illustrés, *via* une interface généralement simple (voir plus loin) sans nécessiter de notions de développement informatique.
- Création et mise en ligne très rapide (quelques minutes suffisent).
- Grandes possibilités de personnalisation : les éditeurs et les communautés proposent une large gamme de modèles d'interfaces, enrichie en permanence. L'un d'eux correspondra probablement à vos goûts.
- « Back-office » (interface de gestion) intégré très simple à manipuler pour rédiger des articles enrichis de sons, de vidéos ou d'images, gérer des liens partenaires, modérer et autoriser ou non les commentaires des internautes, etc.
- Facilité de rédaction et de mise en page d'un article, qui donne une bonne réactivité, ce qui fait souvent défaut avec un site traditionnel.
- Référencement rapide de vos articles : les moteurs de recherche sont attirés par ces pages aux modifications fréquentes.
- Possibilité d'autoriser les commentaires des visiteurs pour connaître les réactions de vos lecteurs et renforcer l'échange entre eux et vous.
- Mise à jour aisée d'une liste de sites que vous désirez recommander aux internautes : l'esprit blog.
- Présentation d'un répertoire chronologique des articles publiés.
- Gratuité du service.

Barre d'outils standard pour la rédaction et la mise en forme de vos publications.

L'insertion d'une image dans un blog se fait en intégrant l'URL de l'image, préalablement déposée sur un site communautaire comme Flickr ou sur votre propre site. Les sites de partage proposent automatiquement cette URL comme moyen d'exploitation de votre image. Elle peut ensuite être copiée puis collée dans l'article de votre blog. On peut aussi télécharger les images sur le back-office ou simplement les conserver dans un dossier sur son disque dur (il faut alors donner le nom du fichier et non l'URL).

Si vous désirez héberger vous-même votre blog en choisissant une solution comme Wordpress, par exemple, vous devez être aguerri à la manipulation du code informatique pour l'installation sur un serveur. Si ce n'est pas le cas, vous pouvez adhérer aux nombreuses offres faites par les médias (*Le Monde*, *Le Figaro*, Skyrock, etc.) ou par des éditeurs de blogs tels que Overblog ou Canalblog, qui proposent souvent un service complet d'hébergement et de publication.

Nous avons vu que le gestionnaire d'images était une passerelle naturelle vers les blogs. Ainsi, cinq minutes seulement sont nécessaires pour créer un compte sur Blogger à partir du gestionnaire d'images Picasa 3. Paramétrez le modèle de mise en page et vous avez à votre disposition un outil simple de présentation et de commentaire de votre travail. Mais attention, cela ne constitue pas un véritable outil de publication de votre book. Pour cela, les sites de partage ou les sites dédiés aux photographes sont réellement conçus de manière à vous aider à publier vos créations sur le Web, car vous pourrez les enrichir de tags et de légendes, signaler vos droits et restreindre les utilisations possibles.

Un bel exemple de blog à aller visiter, celui du photographe Olivier de Chappedelaine, présentant ici la revue Purpose (www.purpose.fr), avec en couverture une image de Laura Pannack (www.laurapannack.com).

Quelques offres pour réaliser rapidement votre blog

Blogger : www.blogger.co (passe par la création d'un compte sur Google).
Canalblog : www.canalblog.com
LiveJournal : www.livejournal.com
Oldiblog/Kazeo : www.oldiblog.com
TchatcheBlog : www.tchatcheblog.com
WordPress : http://fr.wordpress.com
IVisual : www.ivisual.com (pour les photographes professionnels).
SitesGoogle : https://www.google.com/accounts/ServiceLogin?continue=http%3A%2F%2Fsites.google.com%2F&service=jotspot&passive=true&ul=1
Jimdo : http://fr.jimdo.com (site web et blog).

Oldiblog (à gauche) et Blogger (à droite), deux exemples de service de création de blog extrêmement simples à mettre en œuvre sans connaissances techniques particulières.

Les sites de partage communautaires

Ces sites vous permettent d'héberger vos images quelle qu'en soit l'origine (un album installé sur votre ordinateur ou votre téléphone portable, par exemple). Les domaines d'application s'élargissent : à la photographie s'ajoute la vidéo et, chez certains éditeurs, les séquences audio et les documents de type bureautique.

Le site assure le partage et la visibilité de votre production. Il vous permet d'identifier vos documents en y associant un certain nombre d'informations, et d'en limiter l'accès à des cercles plus ou moins restreints de vos connaissances. Les cercles de visibilité standards sont : (1) vous seul, (2) la famille, (3) les amis et (4) la communauté du site – en fait, tout Internet, par la prise en compte des tags (mots-clefs) attachés à chaque image par les moteurs de recherche. Vos images taguées apparaissent ainsi dans les résultats de recherche de ces moteurs.

On peut distinguer deux familles de sites d'hébergement et de partage :

- les sites de niveau 1, aux fonctionnalités simples (Hiboox, ImageShack, Joomeo, etc.) ;
- les sites de niveau 2, avec des fonctions avancées pour la gestion ou la diffusion (Flickr, Picasa, Ipernity, etc.). Ces sites se distinguent particulièrement au niveau du traitement documentaire car ils permettent d'attacher des informations aux fichiers, de restreindre leur visibilité et de constituer des groupes de partage aux centres d'intérêt communs. Vous pouvez ainsi créer un groupe (ou adhérer à un groupe existant) sur un thème qui vous passionne, de manière à favoriser les échanges et à générer des alertes dès la publication de nouveautés.

Ce monde évolue très rapidement, aussi est-il très difficile d'établir un classement parmi ces différents sites.

Les sites de partage de niveau 1

L'intérêt de ces outils est la publication rapide d'un album d'images. Après avoir créé un compte, vous pouvez déposer vos fichiers sur le site dans une fenêtre dédiée, individuellement ou par lots, *via* une interface JavaScript (module spécialisé plus performant).

Une fois vos images déposées, vous pouvez les agrandir, les redimensionner, parfois faire des retouches simples ou encore les partager. Souvent, un lien est proposé vers un laboratoire photographique en ligne, pour une exploitation de vos fichiers.

Généralement, l'offre est graduée. Vous disposez ainsi d'un premier niveau de service gratuit pour les fonctions de base de classement et de partage et un volume hébergé limité (voir tableau ci-après). En général, la publicité est assez présente sur chacun des écrans. Vous pouvez repousser ces limites en achetant un service à l'année. Le coût annuel est variable d'un éditeur à un autre, il oscille entre 10 et 20 € et en général, cela vous libère de l'affichage de la publicité.

Ces services simples peuvent satisfaire certains besoins. On peut toutefois s'interroger sur leurs avantages et leurs chances de survie dans la mesure où les « grands » de ce domaine ont atteint un niveau de performance qu'il sera difficile de dépasser à prix égal (voir les offres de niveau 2).

Exemple 1 : Hiboox, une visionneuse pour partager vos fichiers

Il convient de noter que la description suivante n'est pas exhaustive et ne traite pas la totalité des possibilités offertes par le site.

Pour créer un compte, rien de plus simple. Tout d'abord, rendez-vous à l'adresse suivante : www.hiboox.fr. Cliquez ensuite sur le lien Inscrivez-vous, ce qui affiche la page indiquant les différents tarifs proposés. Dans un premier temps, choisissez l'inscription gratuite. Une fois votre compte créé, vous pouvez déposer vos images, en les tagant avant le dépôt. La procédure achevée, vous pourrez créer un album pour les y placer.

Vous visualisez l'état d'avancement du téléchargement de vos images.

Vous avez alors accès à la mosaïque de vos images. En cliquant sur chaque vignette, vous avez accès à cinq fonctions : le zoom, la commande de tirage, la retouche, l'accès aux informations et la suppression, symbolisées par les icônes en bas de l'image.

Vous avez accès en permanence, sur la droite de l'écran, aux commandes de votre compte.

- Accueil de mon compte : Ajouter des images, Créer un album.
- Voir : Mes images, Mes albums, Mes favoris, Mes contacts, Mon profil.

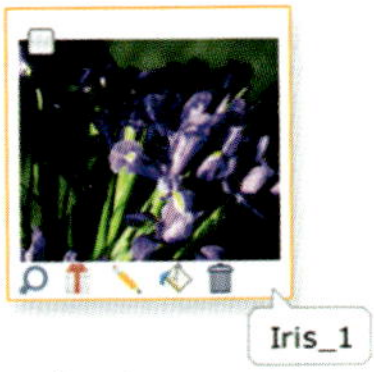

Les fonctions sont accessibles sous forme d'icônes à partir de la vignette.

Chaque image peut être placée dans des catégories proposées par l'éditeur, être enrichie de tags et voir sa visibilité restreinte ou non (les fameux cercles de visibilité évoqués plus haut ; ici Image publique/Image privée).

Vous pouvez organiser vos images en albums, en choisissant un nom judicieux et évocateur pour chacun d'eux. Les droits aux commentaires et au téléchargement sont paramétrables à cet endroit. Si vous l'y autorisez, l'internaute pourra saisir un commentaire sur vos images et les télécharger.

Une fois ces paramètres saisis, vous pouvez enregistrer l'image.

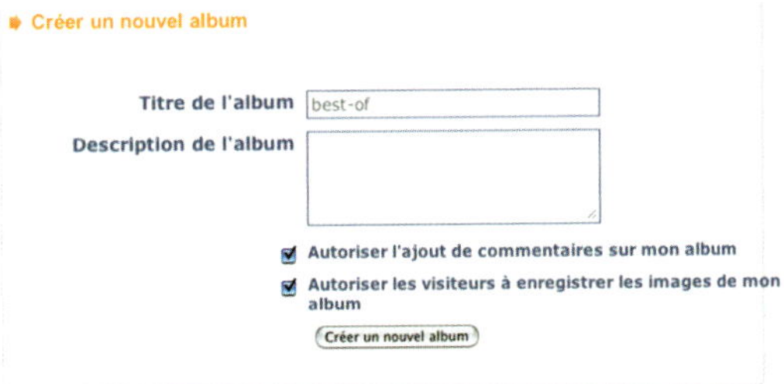

Paramétrage des albums de partage avec la communauté.

La constitution d'un album est nécessaire pour partager des images avec un destinataire. Il faut afficher l'un deux pour activer la fonction Partager›Envoyer à un ami. Pour partager une sélection d'images avec quelqu'un, vous devez saisir son adresse et éventuellement un commentaire d'accompagnement. Votre correspondant reçoit un e-mail comportant un lien sur lequel il peut cliquer pour accéder à l'interface Hiboox avec la sélection proposée.

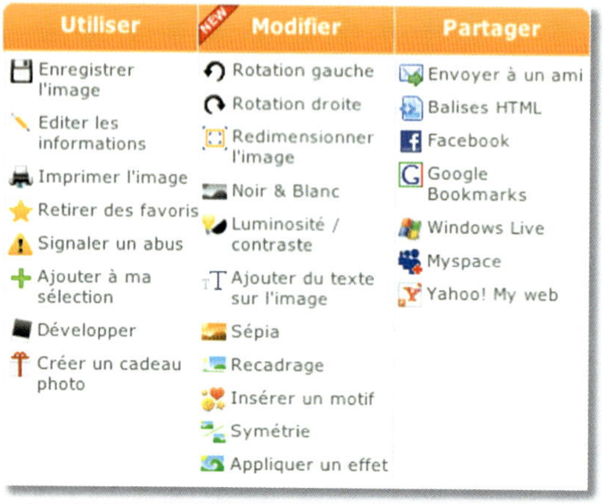

La liste des fonctions des trois volets Utiliser, Modifier et Partager s'affichent successivement lorsque vous survolez ces titres.

Exemple de message que votre destinataire recevra lors d'un partage.

En agrandissant l'image (commande Zoom), vous avez accès aux fonctions d'exploitation liées à cette image (Que puis-je faire?) : impression, retouche, communication, etc.

Vous pouvez constituer une sélection pour commander des tirages. Pour cela, dans la colonne Utiliser, choisissez Ajouter à ma sélection. Vous accédez à cette sélection à partir de l'écran Voir mes images ; vous choisissez ensuite l'action désirée.

Exemple 2 : Jalbum, partager simplement ses albums

Jalbum permet de créer facilement des albums et de les soumettre à des tiers. Utilisé par les photographes pour la diffusion de leur travail auprès de leurs clients, il est simple d'emploi et dépourvu de fonctions ludiques. Vous pourrez personnaliser l'apparence de l'interface en choisissant un format parmi la liste des « skins ». Un service de base est proposé gratuitement pour un hébergement de 30 Mo. Les abonnements payants Premium et Power offrent davantage de possibilités et sont garantis sans publicité.

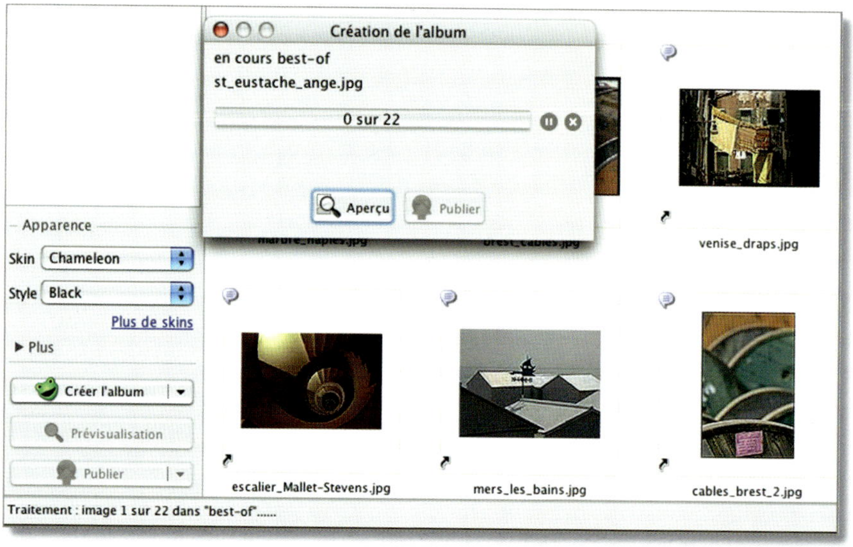

Mode de dépôt de fichiers. Vous choisissez l'apparence du site et vous le prévisualisez ensuite.

Pour bénéficier des services de Jalbum, vous devez installer sur votre ordinateur une application de dépôt de fichiers. À partir de celle-ci, vous créez des albums, déposez vos fichiers à partager et choisissez l'apparence de votre site qui sera visible par vos invités. Ceux-ci consulteront vos albums *via* l'interface web de Jalbum et pourront télécharger vos fichiers, y compris les originaux si vous possédez un abonnement Premium, et saisir des commentaires.

Chaque image peut être retouchée (outils situés en haut à droite de l'écran).

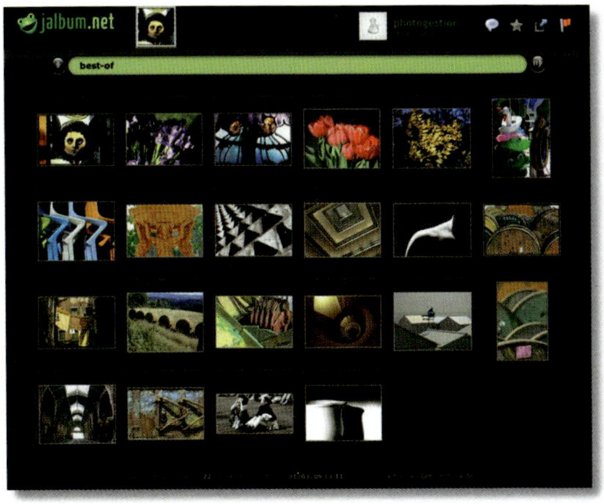

L'interface de Jalbum.

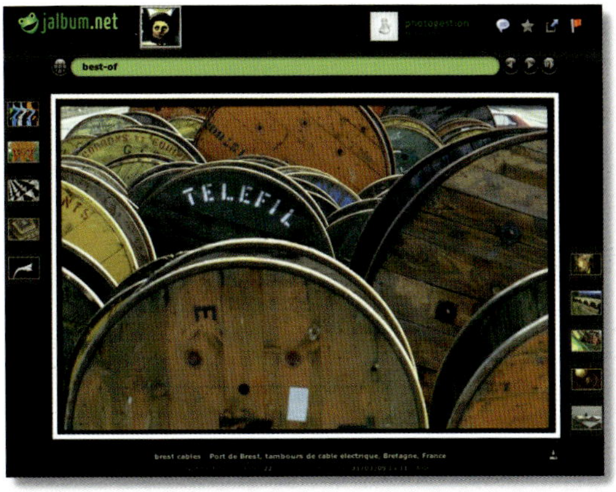

À partir de la mosaïque, si on clique sur une vignette, une fenêtre « zoom » s'ouvre. La légende de l'image s'affiche. On dispose aussi d'une fonction diaporama très pratique et d'un raccourci pour télécharger les fichiers.

Exemple 3 : Joomeo, un diffuseur d'albums simple d'emploi

Anciennement Showmee, Joomeo est une solution de diffusion de la génération Web 2.0, plus riche fonctionnellement. Par rapport aux produits plus sophistiqués, il pèche cependant par son manque de compatibilité au niveau des métadonnées.

Son interface dynamique est agréable à utiliser et la prise en main se fait en une heure. Si vous rencontrez des problèmes, un forum et l'aide en ligne sauront vous accompagner. Les fonctions habituelles pour ce type d'application de partage sont présentes (albums, diaporama, partage, tri par popularité...) et les futurs développements annoncés devraient nous en donner plus : affichage des données EXIF (bientôt accessibles) et prise en compte des métadonnées manuelles, IPTC.

Joomeo propose en outre une procédure très simple pour enrichir une image ou une sélection d'images par un mot-clef. À partir d'une liste que vous enrichissez progressivement, il suffit de cliquer sur un mot et de le « faire glisser » pour le déposer sur le nom de la sélection, de l'album ou de la vignette. Hélas, ce ne sont pas des mots-clefs compatibles IPTC, donc récupérables par d'autres logiciels.

Un service appelé « hub » permet un accès aux albums des abonnés à Joomeo référencés dans vos contacts. C'est un moyen très simple d'entretenir des relations communautaire entre abonnés. Un répertoire permet de gérer (copier, supprimer...) vos contacts individuellement ou par groupes.

Personnellement, j'aime bien ce service car l'éditeur est réactif – il répond aux sollicitations des abonnés –, et les outils d'échange (aide en ligne, blog, http://blog.joomeo.fr, et forum, http://forum.joomeo.fr) sont efficaces. De plus, la tarification est claire et lisible.

Résumé des étapes lors de la connexion.

Une fiche documentaire (ou « Inspecteur ») simple mais claire : nom du fichier, cote de popularité (notation habituelle au moyen d'étoiles), légende, mots-clefs choisis dans une liste gérée séparément.

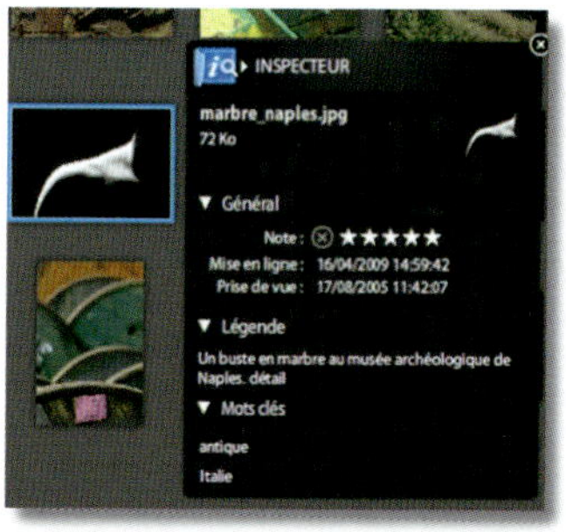

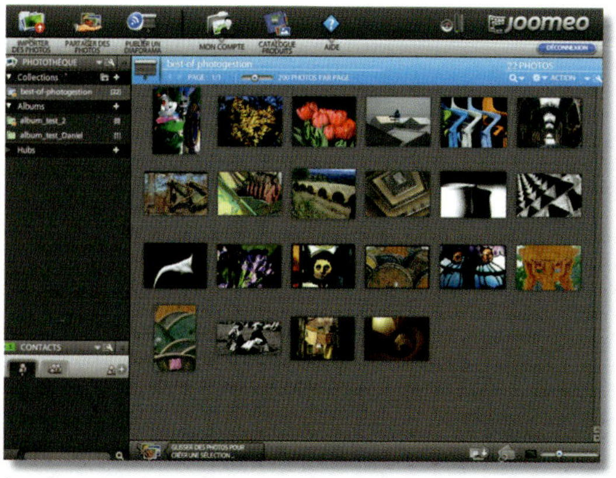

Interface générale avec l'imageur à droite et les accès aux différents volumes à gauche.

Commandes accessibles à partir de la vignette de l'image. Cette ergonomie (aller de la vignette vers les fonctions d'exploitation) est en passe de devenir un standard.

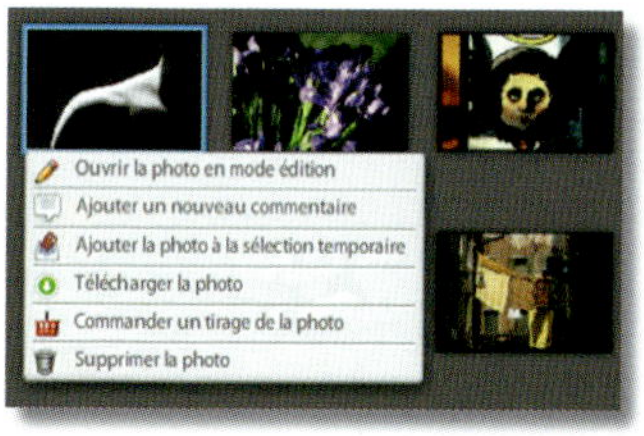

Résumé des offres de l'éditeur.

Offres	Gratuite	Privilège	V.I.P.	Infinite
Publication mensuelle (volume de données transférées)	150 Mo	500 Mo	1 Go	Illimitée
Report mensuel du volume de publication non consommé	Non	Oui	Oui	-
Taille maximale d'une photo/vidéo	10 Mo	20 Mo	30 Mo	100 Mo
Espace de stockage illimité	Oui	Oui	Oui	Oui
Photos et vidéos conservées à vie, sauf demande contraire	Oui	Oui	Oui	Oui
Téléchargement et visualisation illimités des photos et des vidéos depuis votre espace	Oui	Oui	Oui	Oui
Format des photos : JPEG/PNG/GIF	Oui	Oui	Oui	Oui
Format des vidéos : AVI/MPEG/WMV/MOV/M4V	Oui	Oui	Oui	Oui
Supporte le format TIFF	Non	Non	Oui	Oui
Supporte le format RAW sans prévisualisation	Non	Non	Non	Oui
Tarifs préférentiels sur les tirages photos	Non	Oui	Oui	Oui
Tarifs (abonnement annuel)	Gratuit	16 €/an	30 €/an	120 €/an
Possibilité d'achat de tickets pour des envois unitaires, sans obligation d'abonnement (voir sur le site).				

Prestataires proposant des solutions de partage et d'hébergement de niveau 1.

Nom et coordonnées	Traitement de l'information	Type de services	Tarifs*
Casimages www.casimages.com ASCRIII, 64, bd Industriel de la Liane, Lot 107, 62230 Outreau Contact : contact@casimages.com	Dépôt : poids 5 Mo. max. ; application Java pour optimiser les dépôts, titre respecté, métadonnées non accessibles Exportation : métadonnées d'origine conservées**, nom modifié à l'exportation : « leHavre_epave_2.jpg » devient « 090324031617101300.jpg » Informations : poids fichier, taille, nom fichier, statistiques d'utilisation de votre compte	Visionneuse et partage	- Jusqu'à 250 Mo. : gratuit - Jusqu'à 1 Go : 9 € - Jusqu'à 5 Go : 14 € - 10 Go et + : 24 € Beaucoup de pub !
Hiboox www.hiboox.fr Diffuseur : Cobalink, 227, rue Jean-Jaurès, 83000 Toulon	Dépôt : les mots-clefs deviennent des tags Exportation : métadonnées d'origine conservées En version Premium, application pour faciliter le dépôt	Visionneuse et partage	- Version gratuite limitée à 150 images - Version Premium (stockage illimité) : 27 €
Imageshack imageshack.us http://profile.imageshack.us/user/photogestion 236 N. Santa Cruz Ave #100, Los Gatos, CA 95030 Contact : adbuy@imageshack	Dépôt : renomme les fichiers, pas de métadonnées Exportation : métadonnées d'origine conservées	Visionneuse et partage	- Jusqu'à 10 Go. 8 € - Jusqu'à 25 Go. 20 € - 100 Go. et + : 60 €

Nom et coordonnées	Traitement de l'information	Type de services	Tarifs*
iVisual www.ivisual.com 66, avenue des Champs-Elysées, 75008 Paris Contact : ivisual@ivisual.com	Entre le site et l'album de partage Création simple de catégories de classement, d'une notice biographique et d'un écran de contact	Site pour photographes professionnels	- Service offert : hébergement de 30 images - Hébergement volume illimité : 99 €
Jalbum www.jalbum.net Box 1015, SE-101 38, Stockholm, Sweden Tél. : (+46) 70 486 77 38 Contact : David Ekholm, david@jalbum.net	Dépôt : logiciel à installer, respecte les métadonnées Exportation : hébergement Premium permet le téléchargement des originaux	Gestionnaire d'images, de retouche et de publication d'album vers des tiers	- Jusqu'à 30 Mo : gratuit - 1 Go : 19 € - 10 Go et + 95 €
Joomeo www.joomeo.fr forum.joomeo.fr blog.joomeo.fr Airsens SAS, La Voie Lactée, 6, rue du Meboud, 69120 Vaulx-en-Velin Contact : contact@joomeo.com	Dépôt : intégré et simple, préserve les métadonnées existantes Exportation : métadonnées d'origine conservées Un effort au niveau du traitement des infos, sans aller jusqu'à une vraie fiche documentaire. En attente de compatibilité pour les métadonnées IPTC et autres	Gestionnaire d'images	- Base (jusqu'à 10 Mo) : gratuit - Privilège (jusqu'à 20 Mo) : 16 € - VIP (jusqu'à 30 Mo) : 30 € - Infinite (100 Mo et +) : 120 €
Photoblog www.photoblog.com Contact : michael@michaelzhang.com	Dépôt : respecte les métadonnées entrantes, EXIF et mots-clefs transformés en tags Exportation : métadonnées d'origine conservées Interface multilingue	Blog dédié à la photographie	- Service gratuit - Abonnement Pro (pas de pub + watermark + interface personnalisable + fonction Zoom) : 20 €
Photosapiens www.photosapiens.com 441, avenue Arclusaz, 73250 Saint-Pierre d'Albigny Tél. : +33(0)4 79 85 02 48, Contact : redaction@photosapiens.com	Intègre les métadonnées existantes, mais ne les restitue pas Apparence et fonctionnalités paramétrables	Solution pour photographes professionnels	Jusqu'à 200 Mo : 360 € 1 Go et + : 718 €
Yamafoto www.yamafoto.com Alternaute, 2, rue Garreau, 75018 Paris Contact : webmaster@yamafoto.com	Interface en français	Visionneuse et partage	Offre d'essai 1 mois 2 000 photos : 69,90 €

* Abonnement annuel, sauf mention contraire.
** « Métadonnées conservées à l'exportation » signifie que les informations présentes dans les fichiers lors des dépôts sont préservées mais qu'elles ne sont pas mises à jour lors de la saisie des nouvelles informations au sein du site de partage. Ainsi, si mon fichier contient trois mots-clefs à l'importation et si je le complète d'un nouveau mot dans ce site, il ne sera pas enregistré dans ces fameuses métadonnées et je perdrai ce mot lors de l'exportation (téléchargement).

Les sites de partage de niveau 2

Ces sites ont pris leur essor avec l'explosion du marché de la photo numérique grand public. Comme le montre le succès des réseaux sociaux « généralistes » comme Facebook, la notion de partage a été promue pour ainsi dire au rang du devoir. Leur antériorité, leur richesse fonctionnelle et un brillant marketing leur ont permis la constitution de fonds gigantesques. C'est un cercle vertueux : plus un site est populaire, plus il attire les utilisateurs qui ajoutent alors de plus en plus d'images, et ainsi de suite. Un grand nombre de créateurs, non professionnels pour la plupart, vient chaque jour alimenter cette base d'images. Le constat peut heurter certains, les professionnels surtout, mais force est de constater que le foisonnement apporte son lot de belles productions. La qualité des images est évidement variable, mais elles constituent un bouquet incroyable fait de diversité, de richesse en renouvellement constant.

Les avantages

Ces grosses machines communautaires dédiées à l'image sont fonctionnellement performantes. Elles gèrent bien les informations documentaires, ce qui nous intéresse au plus haut point, et elles ont des capacités d'échanges communautaires grâce aux commentaires et aux « favoris », système de notation de vos images par des tiers. La popularité de ces sites vous permettra d'échanger et de communiquer avec une communauté en constante évolution.

En termes de tarification, l'offre est habituelle : une version gratuite, après inscription, vous donne accès à un volume d'hébergement et des services limités.

Pour moins de 20 € par an, vous aurez accès à la classe Premium : un hébergement illimité, des fonctions « avancées » comme la retouche et peut-être, le luxe, plus de pub !

Ces sites vous permettent :

- d'être visible vis-à-vis d'une communauté de photographes passionnés et de publier des images documentées ;
- d'organiser sur une plate-forme fédératrice des flux entrants, à partir de votre boîtier numérique ou par le biais de votre messagerie, et sortants, vers des cibles et applications complémentaires (vous créez des liens pour afficher vos images sur des forums, sur votre site web ou votre blog, vous passez commande de tirages à des labo, fournisseurs partenaires, etc.) ;
- d'échanger facilement avec des tiers en contrôlant la visibilité de vos images et, bon an, mal an, de gérer le droit de ces images en déclarant clairement votre volonté concernant leur éventuelle utilisation (« Creative Commons ») ;
- d'avoir un regard en temps réel sur la création du village global : à chaque minute, vous pouvez observer la production d'une communauté, l'enrichissement d'une photothèque mondiale ; quant au fonds vidéo, avec Flickr, c'est encore plus spectaculaire en faisant dérouler le chronogramme des créations animées déposées par les internautes, par le biais de la fonction Flickr horloge (voir plus loin, la description des fonctions de ce site).

Les inconvénients

Ces sites n'apportent pas de réponses satisfaisantes sur certains aspects essentiels tels que la sécurité, l'autonomie ou l'aspect juridique.

La sécurité. Vous n'avez aucun engagement sur la fiabilité de l'hébergement de la part des éditeurs. Ne leur en voulez pas, ils ne sont pas faits pour cela, et le plus simple est de lire les conditions générales de vente pour s'apercevoir que ces entreprises déclinent toute responsabilité à ce niveau. L'hébergement sécurisé est un métier à part entière dont il faut payer le prix (voir le chapitre « Archiver ses images » p. 32). Par ailleurs, vous ne localisez pas vos documents numériques : les lieux d'hébergement sont inconnus. À plusieurs reprises cette année, j'ai été informé de la délocalisation de l'hébergement de mes fichiers pour cause « d'amélioration des performances ». En acceptant ces conditions, nous pouvons imaginer que nos images sont hébergées dans des pays à la législation plus ou moins en contradiction avec celle de la France.

L'autonomie. Vous ne pouvez pas renseigner les données internes appartenant aux fichiers de vos images (métadonnées) et, à ce titre, vous ne capitalisez pas l'indexation par mots-clefs, tags ou autres commentaires rédigés par vous ou vos contributeurs. Si vous voulez récupérer ces informations qui ont enrichi vos images dans le cadre de ces sites, il faut faire appel à un développement particulier en s'appuyant sur une interface proposée par l'éditeur (API : *Application Programming Interface*) ; cela devient alors un travail de professionnel.

L'aspect juridique. Vous ne pouvez pas déclarer d'une manière fiable votre identité ni annoncer les restrictions de droits dans la mesure où les champs juridiques normalisés dans les standards IPTC/XMP ne sont pas gérés. Les champs juridiques des métadonnées standards (auteur, copyright...) ne sont pas compatibles avec les déclarations de type Creative Commons proposées sur Flickr par exemple. L'offre d'informations Creative Commons est intéressante, mais elle n'est pas standard et est en décalage avec la législation française qui ne prévoit pas d'obligation de dépôt de copyright pour justifier d'un droit d'auteur. Sommes-nous ici dans un processus d'évolution irréversible de la législation ? Allons-nous voir se généraliser ce type de déclaration pour réglementer les droits d'utilisation ?

Flickr, le leader de Yahoo!

Ipernity, un éditeur français.

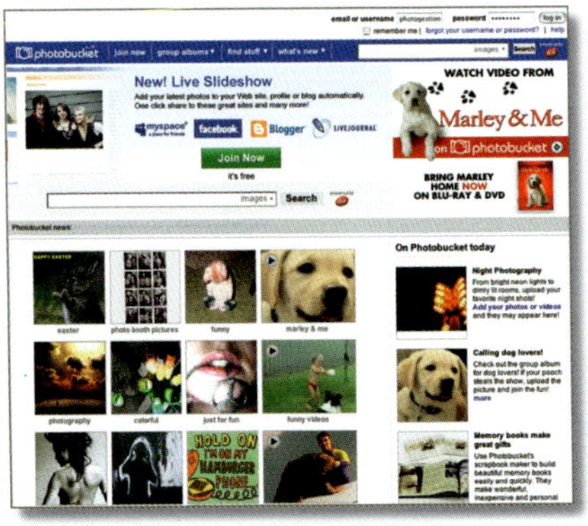

Photobucket.

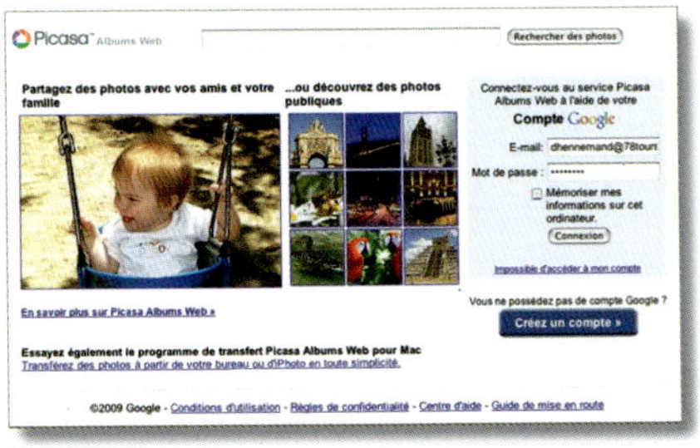

Picasa de Google.

Témoignages d'utilisateurs

1. Commentaire déposé sur le forum de Flickr montrant la tentation pour certains d'utiliser le site à des fins de communication professionnelle, ce pour quoi il n'est pas fait.
« Bonjour, nous avons décidé de mettre en ligne les photos datant de plus d'un an pour le grand public (mode public). Nous envisageons également d'utiliser Flickr pour gérer nos photos plus récentes (moins d'un an), pour gestion, consultation en interne à mon entreprise et recherche (par tags, titres...). Cela fait plus de 4h que je fais des tests de laisser-passer, invitations et autres... la version pro devrait normalement permettre de répondre facilement... »
2. Critique postée sur un forum dédié aux documentalistes illustrant le choc des cultures.
« Bonjour, concernant Flickr, je voudrais rappeler que photographe est un métier, un vrai, comme documentaliste, et que la multiplication de ces plates-formes mettant à disposition des photographies amateurs (souvent à bas prix) a pour conséquence une banalisation de l'utilisation des images, une dévalorisation du métier de photographe, une perte de propos critiques dans l'utilisation des photos... »

Prestataires proposant des solutions de partage et d'hébergement de niveau 2.

Nom	Traitement de l'information	Type de services	Tarifs*
Flickr www.flickr.com	Dépôt : respecte les métadonnées entrantes : EXIF et mots-clefs transformés en tags. Exportation : métadonnées d'origine conservées, non mises à jour Informations importées : nom de fichier transformé en titre de l'image Affiche titre, EXIF, tags et commentaires Multilingue	Site communautaire de partage	- Abonnement gratuit (voir descriptif page suivante) - Abonnement 20 € : volume illimité, albums, classeurs illimités, accès aux fichiers originaux, statistiques, pas de publicité
Ipernity www.ipernity.com	Dépôt : respecte les métas entrantes : mots-clefs transformés en tags Exportation : métadonnées d'origines conservées, non mises à jour Fonction originale : blog intégré Important : accepte tout type de document Fonctionnalité vraiment proche de Flickr, mais pas de classeurs Multilingue	Site communautaire de partage	- Gratuit jusqu'à 200 Mo - Version pro. (volume illimité, sans pub) : 24 €
Photobucket www.photobucket.com www.Fotoflexer.com (pour la retouche)	Ne gère pas les métadonnées documentaires Interface en anglais Fonction retouche	Site communautaire de partage	- Jusqu'à 1 Go : gratuit - 10 Go et + : 31 €
Photoshop Express www.photoshop.com	Fonctions de retouche simple et de partage (importation à partir de votre ordinateur ou d'un site communautaire hébergé) Hébergement gratuit Pas de possibilité d'abonnement à partir d'une IP Europe Pour le moment, réservé aux États-Unis	Retouche et partage	2 Go d'hébergement offerts
Picasa Albums Web www.google.fr	Dépôt : respecte le nom du fichier et les métadonnées existantes Exportation : restitue les métadonnées mais non mises à jour Multilingue	Site communautaire de partage	- Jusqu'à 1 Go : gratuit - Jusqu'à 10 Go 8 € - Jusqu'à 40 Go : 60 € - Jusqu'à 150 Go : 195 € - 400 Go et + : 390 €

* Abonnement annuel, sauf mention contraire.

Flickr, le surdoué !

Notez que la description qui suit n'est pas exhaustive et qu'elle ne traite pas la totalité des possibilités offertes par le site. L'entreprise a été créée en 2004 et compte aujourd'hui plus de 50 collaborateurs. Le site rassemble 54 millions d'abonnés et héberge plus de 3 milliards d'images.

Flickr est un phénomène dans le monde de l'image. Il s'agit de l'une des solutions les plus attrayantes en matière d'hébergement, d'organisation et d'échange de vos créations. Il vous amène à construire votre propre monde d'images et de vidéos. C'est un peu un théâtre (comme tout site d'ailleurs, mais celui-ci plus particulièrement). D'un côté, on trouve les coulisses, ou le back-office, regroupant des outils de contrôle performants pour vous aider à organiser vos documents. De l'autre côté du rideau se trouve le public, assistant à la représentation de votre travail et réagissant à vos créations. Un phénomène important contribue à ce que la présentation de ces images amène un large public : il y a la communication entre les membres de la communauté, l'invention d'un mouvement d'échange entre vous, photographe, et le public qui vous renverra agréablement une image de vous-même en rédigeant des commentaires.

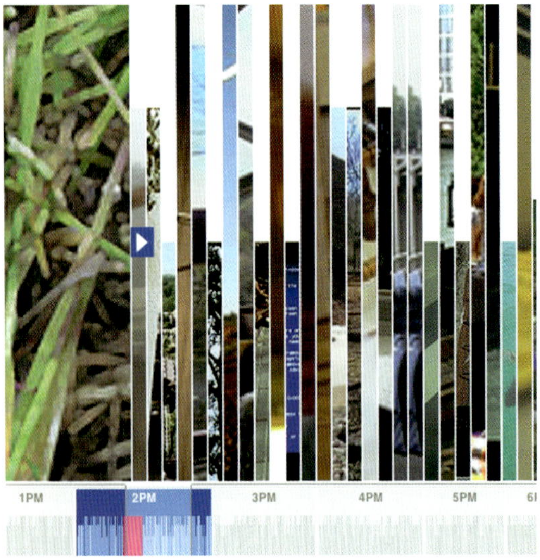

Flickr Horloge, une manière ludique de découvrir les vidéos des contributeurs en fonction des heures de prises de vue déclarées lors des dépôts. Chaque tranche horaire propose des séquences. Le temps se déroule, une fenêtre s'ouvre sur les activités humaines !

Nous produisons, nous publions, nous émettons des signes en enrichissant nos images de tags ou de mots-clefs, nous faisons du bruit, et nous attirons ainsi l'attention d'autres passionnés d'images qui nous apportent en retour une appréciation et un encouragement à notre démarche créative. Nous sommes dans l'ère de la dématérialisation puisque nous pouvons visualiser l'ère du temps animé, avec Flickr Horloge. Inconsciemment, nous participons à l'enrichissement de ce modèle et devenons acteurs de ce monde virtuel.

Prise en main

Flickr est inclus dans l'offre de services en ligne proposée par Yahoo! : messagerie, messagerie instantanée, Flickr, agenda, répertoire, bloc-notes, portail d'informations (actualités, météo, bourse, horoscope, etc.). Si vous possédez déjà un compte Yahoo!, les paramètres de connexion pour Flickr seront identiques. Sinon, créez-vous un compte sur le site en vous rendant à l'adresse suivante : www.flickr.com.

Au premier abord, Flickr n'est pas simple à utiliser. Pour naviguer naturellement et avec plaisir, il faudra se familiariser avec une interface polymorphe, qui manque d'homogénéité, mais qui devrait s'améliorer avec le temps.

N'oubliez pas que Flickr n'est pas un outil de gestion dans la mesure où vous ne localisez pas l'hébergement de vos fichiers, que leur nom n'est pas respecté et que vous n'avez pas la garantie d'un archivage sécurisé. Pour vous en convaincre, observez la transformation d'un fichier que vous déposez puis récupérez en téléchargement. Le nom de votre fichier risque de vous paraître exotique !

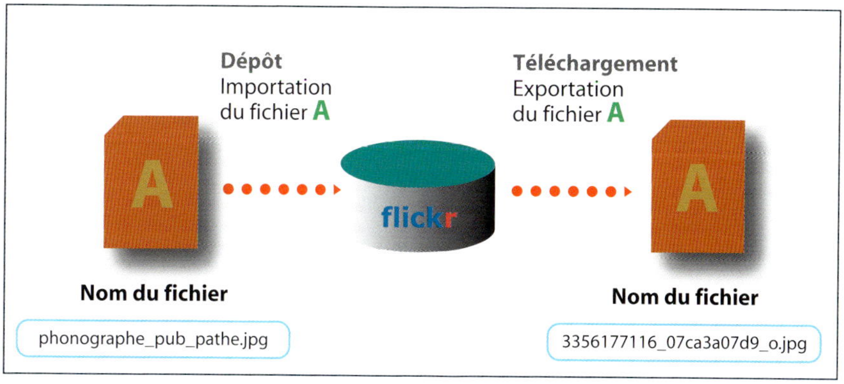

Importation et récupération d'une image numérique.

Deux offres vous sont proposées, une gratuite et une payante. L'abonnement gratuit comporte les caractéristiques suivantes :

- poids maximal par fichier : 10 Mo ;
- transfert limité à 100 Mo/mois ;
- galerie personnelle : seules les 200 dernières images importées seront visibles.

Cette offre est peut-être une solution raisonnable pour se familiariser avec l'outil. Il existe aussi un abonnement professionnel au tarif de 18 €/an, ce qui correspond aux prix pratiqués ailleurs. Il offre les services suivants :

- volume hébergé illimité ;
- poids maximal par fichier : 20 Mo.

Dépôt des fichiers

Pour accéder à cette fonction, cliquez sur Vous, puis sur Importer des images ou des vidéos (voir le détail des barres de menus plus loin). Une interface web intégrée vous est proposée. En complément, des logiciels spécialisés sont disponibles en téléchargement pour travailler plus efficacement en tâche de fond : jUploadr, plug-in iPhoto ou encore Flickr Uploadr. Vous pouvez également importer vos images par le biais de votre messagerie : vous pourrez ainsi enrichir votre médiathèque à distance avec un simple e-mail. Toujours à distance, vous pourrez déposer vos images directement à partir de votre téléphone portable.

Une fois vos fichiers déposés, vous pourrez ajouter un certain nombre d'informations comme la restriction d'accès, la définition des droits d'utilisation avec Creative Commons, la légende, les tags pour lier vos images à des thèmes recherchés sur le Web, etc. Vous n'aurez peut-être pas à saisir un titre : par défaut, c'est le nom du fichier déposé qui apparaîtra.

Consultation des documents

Vos images sont exposées sous forme d'une galerie accessible en cliquant dans la barre de menus : Vous›Votre galerie. Vous pouvez les ranger dans des classeurs et des albums, avec une répartition ingénieuse par thèmes et sous-thèmes, en utilisant le menu Vous›Vos classeurs ou vos albums.

Chaque document est lié à un certain nombre d'informations (légendes, tags...). Pour y accéder, allez dans la barre de menus Votre galerie, cliquez sur l'image et choisissez Accès à la fiche complète. Vous pouvez alors les consulter, les modifier, etc.

Les recherches sont possibles *via* la fenêtre Rechercher, selon une multitude de modes d'accès plus ou moins ludiques, par dates, par lieux, par types d'appareil, etc. Une fenêtre de texte libre permet aussi une recherche sur votre site ou dans toute la communauté Flickr.

Important

Les métadonnées EXIF et IPTC présentes dans vos fichiers sont récupérées mais attention, les informations que vous ajoutez dans Flickr risquent d'être perdues car elles ne seront pas exportées sous ce standard. Seule l'intervention d'un spécialiste qui saura utiliser les outils professionnels mis à disposition par Flickr pourra vous restituer ces données.

Les informations saisies dans Flickr seront perdues lors du téléchargement standard.

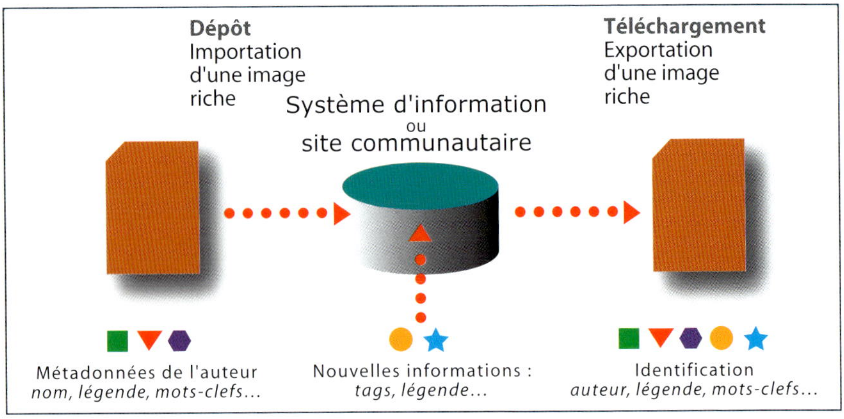

Exploitation

Les différentes possibilités d'exploitation de vos images sont les suivantes :

- retouche, partenariat avec Piknic, logiciel très simple d'emploi pour effectuer des corrections de base en couleurs, contraste, recadrage, etc. (c'est magique Piknic !) ;
- impression sur une imprimante de bureau ;
- partage vers des contacts ;
- exportation des URL de l'image pour publier sur un blog, un site web ou un forum ;
- téléchargement : seul l'abonnement professionnel donne accès à l'original enrichi de ses métadonnées d'origine ;
- commande de tirages photographiques à des laboratoires en ligne.

Sécurité et périmètre de visibilité

Flickr vous propose les options habituelles pour sécuriser l'accès à votre compte (login et mot de passe pour vous connecter à votre espace). Par ailleurs, il fait appel aux Creative Commons (voir p. 116 le détail sur les Creatives Commons) pour protéger vos images d'une utilisation non souhaitée. Vous déclarez ainsi clairement aux internautes vos intentions quant à l'utilisation de vos images.

Enfin, il vous permet de paramétrer le périmètre de visibilité de vos images. Il existe trois niveaux : famille, amis et tous, qui vous permettent de restreindre à un groupe limité de personnes l'accès à certaines images jugées confidentielles. Vous pouvez restreindre la visibilité d'une série d'images en sélectionnant simplement l'un des degrés proposés : Vous, Votre famille, Vos amis et Tous. C'est vous qui identifierez les membres de chacun de ces ensembles et répertoriant leur courriel.

Une autre possibilité de communication restreinte est possible en créant un groupe thématique. Vous pourrez ainsi rendre visibles les images que vous aurez soumises aux membres identifiés de ce groupe, quel que soit le degré initial de visibilité (Vos amis, Votre famille, etc.). Avant de créer un groupe sur un thème particulier, vérifiez qu'il n'existe pas déjà dans la communauté. Cette fonction est très riche car elle permet de gérer une collection en «espace clos» et en organisant des échanges entre membres. À chaque enrichissement de la photothèque d'un des membres du groupe, des messages d'alerte avertissent les autres abonnés à ce groupe de ces publications.

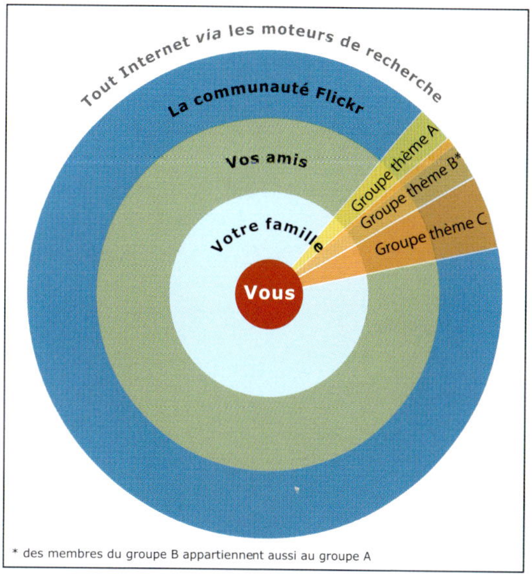

Périmètre de visibilité des images.

Les commandes de l'interface

Vous trouverez ici les fonctions génériques les plus utilisées, permettant de gérer votre médiathèque.

Vous

Votre galerie: c'est le corps central de votre site, la vitrine de votre photothèque en ligne. Elle affiche vos images en grand format, ainsi que les informations les concernant. Pour exploiter un visuel, cliquez dessus. Pour revenir à cette galerie, cliquez toujours en haut de l'écran sur le lien Vous.

Vos classeurs: dossiers contenant vos albums. Il est ainsi possible de créer une arborescence pour organiser vos images par thèmes et sous-thèmes en jouant simultanément des albums et des classeurs.

Vos albums: il s'agit de dossiers nommés par vos soins et qui contiennent certaines de vos images. Un album contiendra par exemple des images d'une ville. Vous pourrez créer plusieurs albums pour archiver les documents illustrant autant de villes différentes. Ces albums, en nombre illimité pour un abonnement pro, pourront être regroupés dans un même classeur illustrant un même pays.

Vos archives: vous pouvez y procéder à une recherche chronologique par date de prise de vue ou par date de dépôt dans Flickr.

Vos tags: liste des mots-clefs que vous avez utilisés. La taille de chaque mot, à l'écran, est proportionnelle à sa fréquence d'utilisation.

Votre carte: géolocalisation de vos images. Pour exploiter cette fonction, localisez au préalable sur une carte chacun des visuels, puis cliquez sur Ajouter à votre carte, lorsque vous êtes dans la fiche d'informations.

Vos favoris: tous les documents contenus dans Flickr peuvent être sélectionnés et marqués, lors de vos consultations pour pouvoir les rappeler d'un clic.

Vos statistiques: informations relatives à la fréquentation de votre site.

Dernière activité: tableau de bord de votre communication avec la communauté (entrées, sorties). Vous visualisez à cet endroit les commentaires ou les demandes d'inscription à certains groupes.

Vous avez aussi accès aux menus Importer des photos... (dépôts des fichiers), Votre compte, Votre profil et FlickrMail (tableau de bord de la messagerie intégrée).

Organiser

Cette rubrique vous donne accès à une « table lumineuse » pour gérer vos documents. Cela vous permet de déplacer facilement les éléments d'un dossier à un autre, un par un ou par lots, de créer des nouveaux dossiers, albums ou classeurs. Vous pouvez ici également gérer vos groupes et positionner vos images sur une carte géographique (géolocalisation) grâce au menu Votre carte. Vous avez également accès aux menus Vos albums et classeurs, Chargements les plus récents et Tout votre contenu.

Contacts

La rubrique Contacts permet de gérer les relations avec la communauté. Vous accédez ainsi aux menus Chargements les plus récents, Liste des contacts, Rechercher des personnes, Inviter vos proches, Historique des invitations, Historique des laissez-passer et Offrir Flickr.

Groupes

La rubrique Groupes constitue un véritable tableau de bord des relations avec la communauté organisée par groupe de contacts, autour d'une thématique. Vous communiquez avec un groupe existant ou avec les membres d'un groupe que vous avez créé. Les relations et les documents publiés peuvent être strictement réservés à cette micro-communauté. Vous avez accès aux menus Vos groupes, Activités récentes, Rechercher un groupe et Créer un nouveau groupe.

Explorer

C'est une rubrique « fourre-tout » qui regroupe des fonctions inclassables, et notamment The Commons, qui permettent une découverte des fonds patrimoniaux institutionnels (bibliothèques, musées) désirant s'ouvrir à la communauté – dont un français –, en mettant à disposition des internautes de larges extraits de leurs collections. C'est le début d'un grand mouvement de redocumentarisation des collections publiques, en donnant la possibilité aux abonnés de commenter et d'apporter, sous l'égide de modérateurs, sa part de connaissance sur une œuvre, un lieu ou un événement représenté.

On trouve aussi dans cette rubrique les menus suivants :

- Creative Commons, un résumé des codes de restriction d'utilisation pour les photographes ;
- Le meilleur des 7 derniers jours, une sélection récente des images les plus populaires ;
- Explorer Analog, qui donne un accès aux créations argentiques, uniquement pour montrer que notre monde virtuel s'appuie sur la tradition ;
- Flickr Horloge, un chronogramme des séquences vidéo déposées par les internautes sur ce site ;
- FlickrBlog, un blog d'information sur les activités de Flickr, géré par les managers de l'éditeur ;
- Code Flickr, un blog pour les développeurs ;
- Services Flickr, un outil pour les développeurs (API) désirant créer des liens entre Flickr et leurs propres programmes ;

- Faites plus, commandez des tirages, une sélection de laboratoires photographiques en ligne, américains ou anglais ;
- et enfin, en « vrac », une recherche par appareil, par marque et courbe de popularité, les menus Tags populaires, Calendrier, Chargements les plus récents, La vidéo sur Flickr, Carte du monde, Lieux et Modes d'exploration ludiques.

Rechercher

Flickr vous propose différents modes de recherche des documents et des contacts, selon le menu sélectionné : Toutes les publications (recherche d'un document dans l'intégralité de la base Flickr), Vos contacts, De vos amis, Votre galerie, Groupes, Des membres Flickr (recherche d'un ou plusieurs membres parmi la communauté) et Un lieu.

Fiche d'informations d'une image

Pour accéder aux informations d'une image, cliquez sur sa vignette dans la galerie. Une fiche d'informations s'ouvre alors avec, en haut, la barre de navigation générale (Accueil, Vous, Organiser...). À droite de l'écran se trouve une série d'informations documentaires sur l'image et des fonctions de gestion :

- les tags (possibilité d'en ajouter) ;
- les limites d'exploitation de l'image que vous avez définies par Creative Commons et les restrictions de visibilité ;
- l'accès à la géolocalisation (positionner une image sur une carte géographique) ;
- la date de prise de vue ;
- les statistiques, c'est-à-dire le nombre de fois que cette image aura été consultée ; vous pouvez également modifier les informations existantes (lieu, titre, légende, tags, etc.) ;
- remplacement de la photo par une autre, qui permet de substituer une image à une autre ; les informations seront bien sûr remplacées elles aussi, mais l'organisation demeurera : si l'image initiale appartenait à un album, la nouvelle s'y trouvera ;

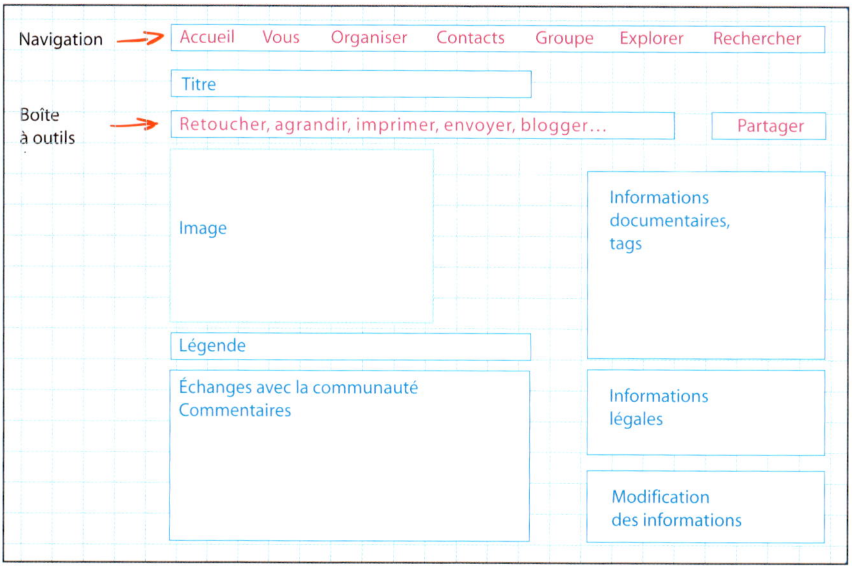

Fiche d'informations simplifiée Flickr.

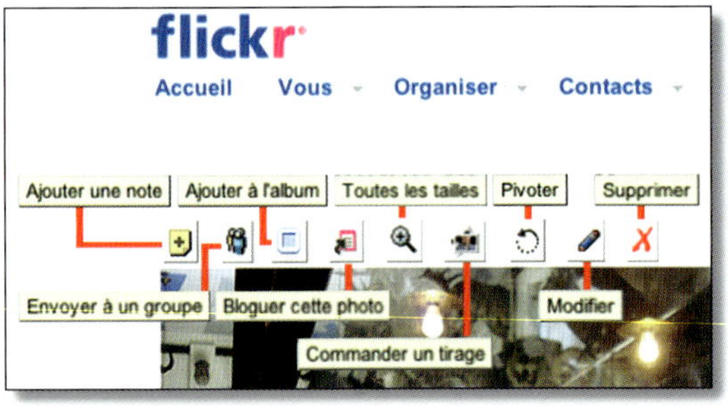

Outils d'exploitation de l'image.

- une manière complémentaire de classer l'image pour la déclarer sensible ou non au niveau du contenu (sécurisé, modéré, restreint) par exemple, et de la définir en termes de média (capture d'écran, photo, art ou illustration...).

Au-dessus de l'image, vous accédez à la boîte d'outils d'exploitation de l'image. Au-dessus de cette palette, le titre de l'image correspond au nom du fichier déposé. Pour le modifier, cliquez dessus et corrigez l'intitulé, sans oublier de sauvegarder vos changements. Vous pouvez également modifier la légende de l'image, les tags et les autres informations, en bas à droite de l'écran.

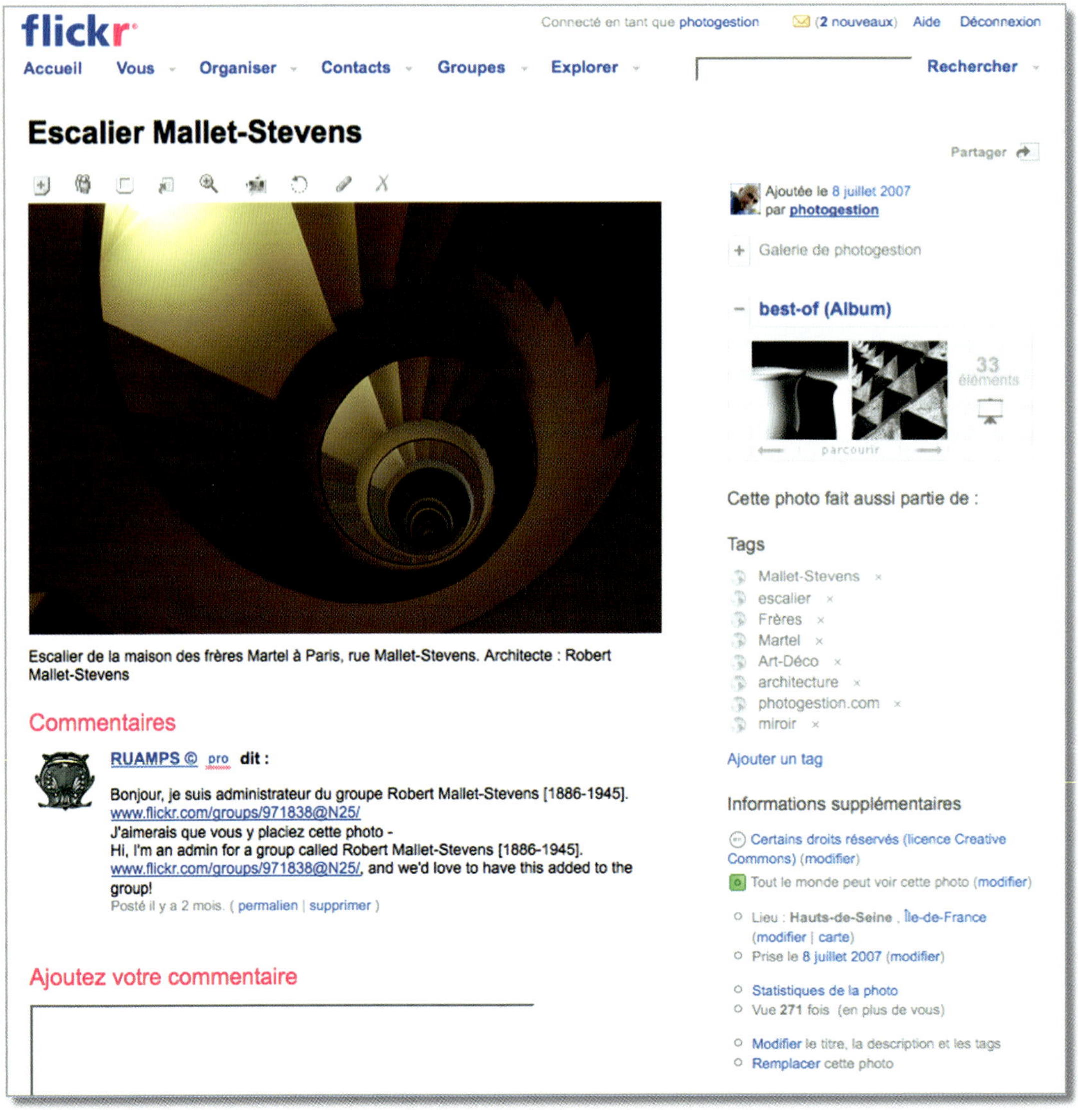

Ici, un exemple de fiche montrant à la fois les informations documentaires et un commentaire posté par un internaute m'invitant à rejoindre un groupe thématique sur un grand architecte.

flickr

Connecté en tant que photogestion Aide Déconnexion

Accueil Vous Organiser Contacts Groupes Explorer Rechercher

Plus de détails sur Moto Guzzi Paris

Date de prise de vue :
21 janvier 2008 à 4.29pm CET

Ajoutée le
16 septembre 2008 à 3.14pm CEST

Modifier les dates des photos

Caméra:	**Canon PowerShot G9**
Exposition:	**0,01 sec (1/100)**
Aperture:	**f/4**
Longueur focale:	**9 mm**
Vitesse ISO:	80
Détection du degré d'exposition:	0/3 EV
Flash:	Flash did not fire, auto mode
Orientation:	Horizontal (normal)
X-Resolution:	180 dpi
Y-Resolution:	180 dpi
Software:	Adobe Photoshop 7.0
Date and Time:	2008:09:16 15:12:30
Artist Name:	Daniel Hennemand
YCbCr Positioning:	Centered
Copyright:	� photogestion.com
Date and Time (Original):	2008:01:21 16:29:05
Date and Time (Digitized):	2008:01:21 16:29:05
Compressed Bits per Pixel:	5 bits
Shutter Speed:	213/32
Maximum Lens Aperture:	95/32
Metering Mode:	Pattern
Color Space:	sRGB
Focal Plane X-Resolution:	13745,704 dpi
Focal Plane Y-Resolution:	13698,63 dpi
Sensing Method:	One-chip colour area sensor
Digital Zoom Ratio:	4000/4000
Compression:	JPEG
By-Line (Author):	Daniel Hennemand
Object Name (Title):	Moto Guzzi Paris
Keywords:	leather, cuir, motocycle, Moto Guzzi
Copyright Notice:	� photogestion.com
XMP Title:	Moto Guzzi Paris
Image Width:	2297 pixels
Image Height:	2297 pixels

Qu'est-ce que les données EXIF ?

La plupart des appareils photo numériques enregistrent des fichiers JPEG (jpg) comportant des données EXIF (Exchangeable Image File). L'appareil photo enregistre les paramètres de l'appareil et les informations d'exposition dans le fichier image. Parmi ces informations, on peut citer : la vitesse d'obturation, la date et l'heure, la distance focale, la compensation de l'exposition, les unités de mesure et si oui ou non un flash a été utilisé.

Source : Digicamhelp.

Une information de Flickr :
Désolé mais la plupart des données EXIF sont disponible uniquement en anglais.

Confidentialité

Si vous le souhaitez, vous pouvez empêcher l'affichage du lien vers vos données EXIF sur la page de la photo. Vous pouvez définir ceci dans vos options de confidentialité.

Affichage et explication de la somme des informations gérées automatiquement par les appareils de prise de vue : les données EXIF.

4 Comment vendre ses images ?

Deux événements ont fait basculer l'économie de l'univers de la photographie : la popularité des images dites « libres de droits » et l'explosion du marché des boîtiers numériques. Les amateurs n'ont pas eu soudainement plus de talent, ou les professionnels moins, mais la publication en peu de temps de milliards d'images a créé un mouvement incroyable d'échange et de partage. Ce phénomène a attiré l'attention des acteurs du métier. Nous sommes entrés dans l'ère du « user generated content », c'est-à-dire le contenu généré par les utilisateurs.

Il y encore dix ans, il était difficile pour un amateur de vendre une image à un éditeur ou à une agence, tant pour la photographie d'illustration que pour la photographie d'actualité. C'était possible mais peu fréquent, ou alors cela se faisait par hasard ou par connaissance. Au début, Internet n'a pas modifié les circuits du commerce de l'image pour les photographes professionnels, qui ont continué à commercialiser leurs reportages *via* les agences photographiques. Certains cependant se sont regroupés en collectifs.

De leur côté, les agences « doyennes » du métier, aux fonds riches et imposants, ont dû mener une réflexion sur la stratégie à adopter pour être visibles sur le Web et rester performantes dans un marché devenant très concurrentiel. Certaines, pour exploiter leur fonds, ont beaucoup investi dans des campagnes de numérisation et de nouveaux outils de diffusion en ligne. Ces transformations ont progressivement mis en péril la rentabilité de ces entreprises.

D'autres agences, face à la dégradation des budgets de communication, ont cherché à aborder le marché avec des offres économiques agressives. Elles ont inventé le concept d'image à bas coût, avec un mode de commercialisation simplifié, c'est-à-dire en proposant une seule facturation quelle que soit l'utilisation faite de l'image. Pour alimenter ces nouveaux fonds appelés « microstocks », elles ont passé des accords avec des auteurs pour d'importantes séries d'images ; certains photographes ont cru voir en cette offre une nouvelle manne, d'autres ont pu vendre ainsi les « seconds choix » de reportages déjà rentabilisés.

Ces offres à bas coût sont toujours sujettes à de fortes critiques aujourd'hui où le milieu professionnel souffre énormément de la baisse des budgets de communication, mondes des entreprises et des médias confondus, en étant concurrencé à la fois par ces agences qui ont popularisé le concept de l'image dite « à 1 euro » et par les sites communautaires d'amateurs ou de « reporters citoyens » qui abreuvent de plus en plus les différents secteurs de la communication visuelle et des médias.

Les citoyens reporters

Là où l'événement se produit, le photographe doit être présent, même s'il n'est pas un professionnel. L'exemple tragique de l'attentat de la gare de Londres en juillet 2005 est l'un des plus connus : ce sont des images d'amateurs qui ont été publiées car il n'y avait pas d'autres sources, et on a pu voir les écrans de la BBC faire appel à ces photographes témoins. Depuis, les médias n'hésitent plus à solliciter les non-professionnels.

Il y a plus de trente ans, Europe 1 inventait le « téléphone rouge ». Les « simples » citoyens témoins d'un événement appelaient la station pour informer et témoigner. Aujourd'hui, la même radio s'engouffre dans le mouvement contributif et lance le « téléphone rouge numérique », avec en plus la possibilité d'envoyer des séquences sonores ou des vidéos qui « seront vérifiées par des journalistes ».

Désormais, le marché de l'image se reconstruit et les sites communautaires continuent de prendre de l'ampleur. Le leader des agences photographiques, Getty Images, vient de signer un accord de partenariat avec Flickr (riche de 3 milliards d'images – chiffre de mars 2009) pour prélever des sélections d'images et créer une synergie entre leurs deux sites. Getty Images met son savoir-faire d'éditeur d'images et de gestionnaire au niveau juridique et diffuse ce qui n'est encore qu'un best-of, quelques milliers d'images. Ce n'est qu'un début et il vous sera certainement possible dans quelques mois de déposer vos images sur Flickr et de les soumettre spontanément à Getty Images !

De nouvelles agences s'ouvrent aux amateurs. Ce n'est plus un contact discret en bas de la page d'accueil, mais une sollicitation franche (voir plus loin, à propos de Citizenside). Ainsi, l'AFP (Agence France-Press) vient de prendre 34 % de participation dans Citizenside (anciennement Scooplive), l'agence d'actualités pour les citoyens reporters.

Conseils pour vendre ses images

Deux cas de figure sont envisageables :

- soit vous visez les agences dites « d'illustration », qui sauront accueillir vos images relevant d'une thématique généralement intemporelle (la nature, l'architecture, l'environnement, les hommes, les concepts, etc.) ;
- soit vous visez les agences d'actualités.

Pour l'illustration, je vous conseille d'effectuer une sélection rigoureuse. Ne soyez pas indulgent avec vos créations. Nous sommes parfois en admiration devant notre travail et il est difficile d'être critique sur nos propres images, mais mettez-vous à la place des éditeurs qui vont recevoir votre offre.

Être professionnel dans une agence, c'est, entre autres, être habitué à examiner beaucoup d'images, mais tout de même, ne lassez pas en soumettant un nombre excessif de visuels. Il vaut mieux se voir réclamer une nouvelle sélection plus riche que d'être recalé au premier contact ; le foisonnement nuit souvent à la lisibilité.

Par ailleurs, si vous ne maîtrisez pas totalement les techniques de retouche et la colorimétrie des fichiers, ne les retravaillez pas. Votre interlocuteur saura reconnaître une belle image, retouchée ou non, et il sera toujours temps de les corriger ultérieurement. Sachez par ailleurs qu'une image ne répondant pas au cahier des charges de l'éditeur (bruit, zone brûlée, picking excessif, etc.) risque de passer à la trappe.

Pour la photographie d'actualités, prenons en exemple une de ces nouvelles structures dédiées à la photographie d'amateurs : Citizenside. C'est cette jeune agence qui a réussi à vendre la fameuse image de Jérôme Kerviel, photographié lors de son interrogatoire dans les bureaux de la police financière en janvier 2008. Citizenside recense 35 000 membres inscrits dans plus de 100 pays et reçoit en moyenne 600 photos ou vidéos chaque jour. La sélection issue de l'editing est envoyée à 300 destinataires de la presse et des médias. Concernant le prix de vente, la fourchette annoncée est large : entre 10 et 100 000 € ! Sur ce montant, le photographe touche 65 % du prix de vente (50 % à l'international et sur le digital – Web et mobile).

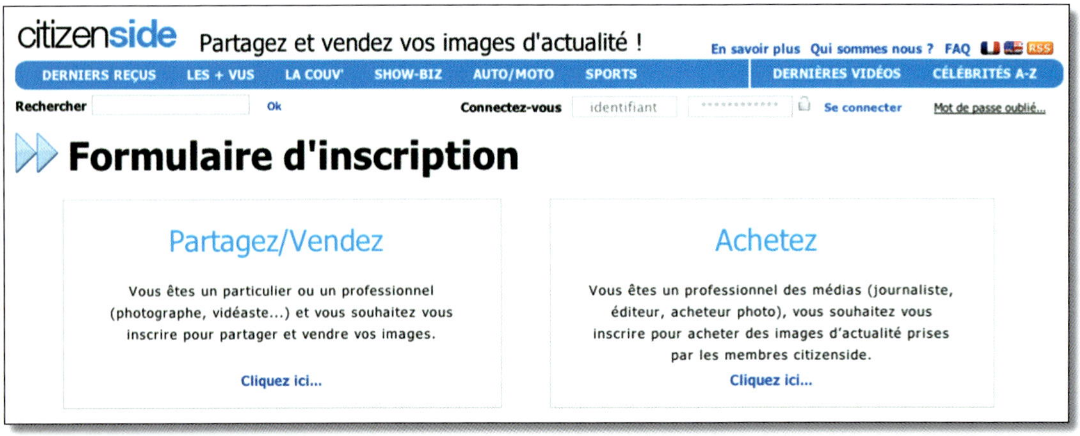

Formulaire d'inscription à Citizenside.

Les conseils suivants sont prodigués par Matthieu Stefani, l'un des fondateurs de Citizenside.

- Inscrivez-vous sur le site de l'agence ! C'est gratuit et vous pourrez ainsi répondre à des appels à témoins. Lorsqu'un événement doit être couvert, l'agence envoie un e-mail à tous ses membres en précisant le champ d'action à couvrir. Des envois sont réalisés plusieurs fois par jour ! Ainsi, lors de la manifestation du 19 mars 2009, 30 villes ont pu être illustrées grâce au témoignage de photographes amateurs.
- Si vous êtes témoin d'un événement, transmettez rapidement vos fichiers car les rédactions des quotidiens bouclent à 17h.
- Réalisez des photos nettes !
- Contextualisez votre reportage, c'est-à-dire situez les prises de vue. Cette notion est très importante pour l'image d'actualité (qui ? quoi ? où ? etc.). C'est le moment où jamais de travailler vos métadonnées !
- Tenez-vous informé de l'actualité.
- Essayez de comprendre ce qui est recherché dans les médias.
- Racontez une histoire, photographiez des éléments qui seront révélateurs.
- Si vous réalisez une vidéo, ne bougez pas trop et n'abusez pas du zoom. Il faut réaliser des plans les plus stables possible.
- En cas d'événement grave, pensez en premier lieu à appeler les secours. Cela paraît évident, mais ne soyez pas hypnotisé derrière votre objectif !

Pour la captation vidéo, Matthieu Stefani m'explique que certains photographes professionnels ajoutent désormais à leur boîtier une petite caméra miniature, histoire de vendre aussi des images animées, au cas où !

Le tableau ci-dessous liste les sociétés auxquelles vous pourrez vendre vos images, mais également un certain nombre d'agences réservées aux professionnels. Il est enrichissant de prendre l'air du temps en explorant Flickr, mais cela me paraît aussi important de pouvoir parcourir les fonds professionnels, tant pour les agences d'illustration que celles d'actualités (voir tableau ci-après).

Remarque

Le nombre d'agences diffusant des photographes au statut professionnel est de loin encore supérieur à celui des nouvelles agences que nous venons d'évoquer et qui s'adressent exclusivement aux amateurs !

Où vendre ses images ?

Nom	Coordonnées
Citizenside www.citizenside.com/fr www.citizenside.com/fr/info/en-savoir-plus.html	N. c.
Dreamstime www.dreamstime.com http://fr.dreamstime.com/sell	Relations et développement d'affaires : Archiweb Design – Dreamstime, 59, Constantin Caracas St., apt. 2 Bucarest 1, 011155, Roumanie Tél. : (+1) 615 771 5611
Fotolia http://fr.fotolia.com/ http://fr.fotolia.com/Info/HowToSell	Fotolia, 66, avenue des Champs-Elysées, 75008 Paris, France Tél. : 0970 465 265
iStockphoto www.istockphoto.com http://francais.istockphoto.com/sell-stock-photos.php	Service clients France : Suite 200 - 1240 20th Avenue SE, Calgary, Alberta T2G 1M8, Canada Tél. : 0970 44 52 75 Contact : artists@istockphoto.com
Shutterstock www.shutterstock.com http://submit.shutterstock.com	Ventes et service clients : Shutterstock Images LLC, 60 Broad Street, 30th Floor, New York, NY 10004, USA Ventes, facturation et support technique Tél. : 001-646-291-6164 (international) Contact France : support@shutterstock.fr Tél. : 01 70 38 75 24
Stockxpert www.stockxpert.com http://fr.stockxpert.com/support/help/1	HAAP Media Ltd., Csatarka ut 82-84, Budapest 1025, Hungary Formulaire de contact en ligne

Où trouver des images ?

Nom	Activité	Coordonnées
123RF.com www.123rf.com	Agence d'images libres de droits	Tél. : 01 53 43 51 87 ou 0800 91 92 07
ADAGP http://bi.adagp.fr	Banque d'images de la société de gestion des droits d'auteurs	ADAGP, Société des auteurs dans les arts graphiques et plastiques, 11, rue Berryer, 75008 Paris, France Tél. : 01 43 59 09 79 Contact : banque.images@adagp.fr
AFP www.afp.com	Agence de presse	AFP, 11-15, place de la Bourse, 75002 Paris, France Tél. : 01 40 41 46 46 Contact : contact@afp.com

Nom	Activité	Coordonnées
age footstock www.agefotostock.com	Agence d'illustration	age fotostock France EURL, Tour de l'Horloge, 4, place Louis-Armand, 75603 Paris Cedex 12, France Tél. : 01 72 76 81 13 Contact : ageparis@agefotostock.com
Agence Roger-Viollet www.roger-viollet.fr	Images d'archives (groupe Parisienne de Photographie)	Agence Roger-Viollet, 6, rue de Seine, 75006 Paris, France Tél. : 01 55 42 89 00 Contact : c.gachet@roger-viollet.fr
Agence VU www.agencevu.com	Agence de presse	Agence VU, 17, bd Henri-IV, 75004 Paris, France Tél. : 01 53 01 85 85 Contact : codomier@abvent.fr
akg-images.fr www.akg-images.fr	Œuvres d'art	akg-images, 67, rue Notre-Dame-des-Champs, 75006 Paris, France Tél. : 01 44 41 99 88 Contact : info@akg-images.fr
Alinari www.alinari.it	Images d'archives	Alinari Florence, Largo Fratelli Alinari 15, I-50123 Florence, Italie Tél. : (+39) 055 23951
Andia www.andia.fr	Agence d'illustration	Andia, ZA de la Teillais, 10, rue Charles-Croizé, 35740 Pacé, France Tél. : 02 99 83 50 70 Contact : photo@andia.fr
ArtComArt http://pa.photoshelter.com/c/artcomart	Spectacle vivant	Tél. : 06 67 64 47 34
Artedia www.artedia.com	Architecture	Artedia - Ville Ouverte, Les Douches - La Galerie, 5, rue Legouvé, 75010 Paris, France Tél. : 01 46 07 10 84 Contact : info@artedia.com
Biosphoto www.biosphoto.com	Nature, environnement, jardin	Biosphoto, 16, rue Velouterie, 84000 Avignon, France Tél. : 0811 02 53 54 Contact : catherine.deulofeu@biosphoto.com
Bridgeman Art Library www.bridgemanart.com	Propriétaire du fonds Giraudon	Bridgeman Giraudon, 36, rue des Bourdonnais, 75001 Paris, France Tél. : 01 55 80 79 10
Agence BSIP www.bsip.com/fr	Agence d'illustration	Agence BSIP, 34, rue Villiers-de-l'Isle-Adam, 75020 Paris, France Tél. : 01 43 58 69 87 Contact : info@bsip.com
Collection Christophel www.collectionchristophel.com	Cinéma	Collection Christophel, 24, place Raoul Follereau, 75010 Paris, France Tél. : 01 42 09 49 37 Contact : contact@collectionchristophel.fr
CIT'images www.citimages.fr	Photojournalisme sur les collectivités locales	N. c.
Corbis http://pro.corbis.com	Agence d'illustration, diffusion des fonds Bettmann, Sygma, Ansel Adam, etc.	Corbis, 62, rue de la Chaussée-d'Antin, 75009 Paris, France Tél. : 01 53 33 38 00 Contact : serviceclients@corbis.com
Cosmos Photo www.cosmosphoto.com	Agence de presse	Service clients France : Cosmos Photo, 56, bd Latour-Maubourg, 75007 Paris, France Tél. : 01 47 05 44 29
Digitagent www.digitagent.com	Agence d'illustration	Digitagent, 6, passage de la Boule-Blanche, 75012 Paris, France Tél. : 01 42 33 61 22 Contact : infos@digitagent.com
ECPAD www.ecpad.fr	Fonds de l'armée française	ECPAD, 2-8, route du Fort, 94208 Ivry-sur-Seine Cedex, France Tél. : 01 49 60 52 00

Nom	Activité	Coordonnées
European Pressphoto Agency www.epa.eu	Agence de presse	European Pressphoto Agency, Am Hauptbahnhof 16, 60329 Frankfort, Allemagne Tél. : (+49) 69 244 321 800 Contact : picture.purchase@epa.eu
EYEDEA http://eyedea.fr	Agence de presse et d'illustration (fonds Gamma, Rapho, Hoa-Qui, Jacana, Explorer, Top, Keystone, Stills)	EYEDEA, 13, rue d'Enghien, 75010 Paris, France Tél. : 01 44 79 31 30 Contact : presse@eyedea.fr
Face to face http://facetoface.fr	Agence de presse	Face to face, 47, rue Lemercier, 75017 Paris, France Tél. : 01 44 85 06 69 Contact : andreas@facetoface.fr
Fedephoto.com www.fedephoto.com	Fédération de photographes	Contact : contact@fedephoto.com
FigaroPhoto www.figarophoto.com	Le fonds du groupe de presse	Le Figaro, 14, bd Haussmann, 75009 Paris, France Tél. : 01 57 08 56 29 Contact : syndication-service@lefigaro.fr
Getty Images www.gettyimages.com	Agence d'illustration	Getty Images, 4, bd Poissonnière, 75009 Paris, France Tél. : 08 05 11 14 13
Graphic Obsession www.graphicobsession.fr	Agence d'illustration	Graphic Obsession, 46, rue de la Mare, 75019 Paris, France Tél. : 06 42 75 56 18 Contact : go@graphicobsession.com
Havalook Photo www.havalook-photo.com	Agence d'illustration	Havalook Photo - Les solutions créatives, 5, rue de Turbigo, 75001 Paris, France Tél. : 01 45 48 57 21 Contact : cfl@havalook.net
Hemis www.hemis.fr	Agence d'illustration	Hemis, 57, rue Alexandre Dumas, 75011 Paris, France Tél. : 01 43 67 72 74Contact : hemis@hemis.fr
Icon Sport www.iconsport.com	Agence de photos sportives	Icon Sport, 130, rue de Normandie, 92400 Courbevoie, France Tél. : 01 47 89 88 57 Contact : info@iconsport.com
Iconos www.iconos.fr	Agence d'illustration	Iconos, 4, place Sathonay, 69001 Lyon, France Tél. : 04 78 28 24 27 Contact : anne.rerolle@iconos.fr
Iconotec www.iconotec.com	Agence d'illustration	Iconotec, 5, rue Paul-Bert, 93400 Saint-Ouen, France Tél. : 01 49 18 30 56 Contact : info@iconotec.com
Jupiterimages www.jupiterimages.fr	Agence d'illustration issue de Stock Image, Libre de droit, Pixland	Jupiterimages, Cour Damoye, 12, place de la Bastille, 75011 Paris, France Contact : service-clients@jupiterimages.fr
Kharbine-tapabor www.kharbine-tapabor.com	Agence d'illustration en documents anciens	Kharbine-tapabor, 15, rue Keller, 75011 Paris, France Tél. : 01 48 05 80 41 Contact : kharbine@kharbine-tapabor.com
Light Motiv www.lightmotiv.com	Agence d'illustration	Light Motiv, 39, rue du Pré-Catelan, 59110 La Madeleine, France Tél. : 03 20 06 90 98 Contact : light@lightmotiv.com
Lightmediation www.lightmediation.net	Agence de presse	Lightmediation, 105, rue de l'Abbé-Groult, 75015 Paris, France Tél. : 06 61 80 57 21
Magnum Photos www.magnumphotos.com	Agence de presse	Magnum Photos, 19 rue Hegesippe-Moreau, 75018 Paris, France Tél. : 01 53 42 50 00 Contact : magnum@magnumphotos.fr

Nom	Activité	Coordonnées
Matton Images www.matton.fr	Agence d'illustration (anciennement Digital Vision)	Matton Images, 118, rue Réaumur, 75002 Paris, France Tél. : 01 42 36 79 55 Contact : contact@matton.fr
Only France http://onlyfrance.fr	Agence d'illustration	Only France, 51, rue du Château-d'Eau, 75010 Paris, France Tél. : 09 53 39 03 16 ou 06 03 00 28 60 Contact : stephane@onlyfrance.fr
Oredia www.oredia.fr	Agence d'illustration	Oredia, 8, passage des Entrepreneurs, 75015 Paris, France Tél. : 01 45 33 12 00 Contact : contact@oredia.fr
SAEML Parisienne de Photographie www.parisiennedephotographie.fr www.parisenimages.fr www.roger-viollet.fr	Diffusion du patrimoine photographique de la ville de Paris	SAEML Parisienne de Photographie, 3, rue des Arquebusiers, 75003 Paris, France Tél. : 01 44 61 99 60 Contact : delphine.desveaux@parisiennedephotographie.fr
Photo 12 www.photo12.com	Agence d'illustration	Photo 12, 57, bd Arago, 75013 Paris, France Tél. : 01 56 80 14 40
PhotoAlto www.photoalto.com	Agence d'illustration	PhotoAlto, 9, rue Pierre-Dupont, 75010 Paris, France Tél. : 01 44 89 22 22
La PhotoFactory www.photofactory.fr	Commercialise des tirages de photographies historiques	La PhotoFactory SARL, 21, rue du Renard, 75004 Paris, France Tél. : 01 53 01 93 93 Contact : info@photofactory.fr
Photononstop www.photononstop.com	Agence d'illustration	Photononstop, 46, rue de la Mare, 75020 Paris, France Tél. : 01 49 29 69 69 Contact : info@photononstop.com
Picturetank www.picturetank.com	Agence de photographes	Picturetank, 19, rue Bisson, 75020 Paris, France Tél. : 01 43 15 63 53 Contact : contact@picturetank.com
PixPalace www.pixpalace.com	Fédérateur d'agences au sein des rédactions	Pixways, 19, rue Béranger, 75003 Paris, France Tél. : 01 53 69 02 36 Contact : info@pixpalace.com
Plainpicture www.plainpicture.fr	Agence d'illustration	Plainpicture SARL, 21, rue du Faubourg-Saint-Antoine, 75011 Paris, France Tél. : 01 46 28 54 15 Contact : ventes@plainpicture.fr
Presse Sports www.pressesports.com	Agence de photos sportives du journal l'Équipe	Presse Sports, 4, rue Rouget-de-Lisle, 92793 Issy les Moulineaux Cedex 9, France Tél. : 01 40 93 20 32 Contact : subscribe@pressesports.com
PxP Gallery www.pxp-gallery.com	Agence de photographes	PxP Gallery, 3, rue Jules-Vallès, 75011 Paris, France Tél. : 01 40 52 53 00
Rue des Archives www.rue-des-archives.com	Agence d'illustration	Rue des Archives, 18, rue le Bua, 75020 Paris, France Tél. : 01 40 32 47 47 Contact : info@rue-des-archives.com
Scala Archives http://france.scalarchives.it	Agence de fonds documentaires artistiques et culturels	Scala Archives, Via Chiantigiana 62 / I, 50012 Bagno a Ripoli (Firenze), Italie Tél. : (+39) 055 62 33 200 Contact : firenze@scalarchives.com
Self www.self-photos.com	Agence d'illustration	Self, 40, rue Albert-Thomas, 75010 Paris, France Tél. : 01 53 34 14 24 Contact : self@self-photos.com

Nom	Activité	Coordonnées
Signatures www.signatures-photographies.com	Agence de presse	Signatures, 9, cité des Trois-Bornes, 75011 Paris, France Tél. : 01 71 18 29 53 Contact : contact@signatures-photographies.com
Sipa Press www.sipa.com	Agence de presse	Sipa Press, 101, bd Murat, 75016 Paris, France Tél. : 01 47 43 47 43 Contact : info@sipa.com
Storybox Photo www.storybox-photo.com	Agence de presse	Storybox Photo, 15-17, rue de Vanves, 92100 Boulogne-Billancourt, France Tél. : 01 41 41 55 34 Contact : redaction@ storybox-photo.com
StudioX www.studiox.fr	Agence d'illustration	StudioX, La Benerie, 91470 Limours, France Tél. : 01 64 91 64 81 Contact : contact@studiox.fr
Tendance Floue www.tendancefloue.net	Collectif de photographes	Tendance Floue, 14-18, rue Kleber, 93107 Montreuil Cedex, France Tél. : 01 48 58 90 60 Contact : tf@tendancefloue.net
Urba-images www.urbaimages.fr	Agence d'illustration urbaine	Urba-images, 29, villa d'Alésia, 75014 Paris, France Tél. : 01 44 12 64 64 Contact : agence@urbaimages.fr
Vandystadt www.vandystadt.com	Agence de photos sportives	Vandystadt, 127, rue du Faubourg-Saint-Antoine, 75011 Paris, France Tél. : 01 40 54 85 75 Contact : gerard.vandystadt@wanadoo.fr
Wallis photothèque www.wallis.fr	Agence d'illustration	Wallis phototèque, 22, avenue de Saint-Barnabé, 13004 Marseille, France Tél. : 04 91 34 75 15 Contact : contact@wallis.fr

Interview : Simone Mazer

Regard sur Getty Images.

Simone Mazer, responsable de Getty Images en France, m'a reçu dans les locaux parisiens de l'agence situés sur les grands boulevards, en face du Grand Rex.

Cette rencontre me semblait intéressante, surtout après le récent accord passé entre Flickr, la plus grande base d'images non professionnelles au monde, et Getty Images, leader mondial de la photographie d'illustration. Il me semblait important de comprendre l'esprit de Getty Images et sa vision de l'avenir dans le domaine de la création photographique.

Pouvez-vous présenter brièvement l'histoire de Getty Images ?

Getty Images a été créée en 1995. J'étais auparavant à l'agence Stone et j'ai vécu toutes les phases de l'évolution des métiers de l'image.

Mark Getty et Jonathan Klein, les fondateurs de Getty Images, ont eu une vision incroyable de ce que le numérique pouvait apporter. Ils ont eu l'idée de rassembler sur une même plate-forme des fonds d'origines différentes et ont procédé à des acquisitions. C'était aux débuts d'Internet. Nous, en interne, on ne voyait pas forcément venir cette évolution mais eux l'ont tout de suite compris.

C'était la photographie d'illustration, la photographie créative, puis les fonds d'archives, le sport avec le rachat de Allsport en 1998, etc. La photographie d'actualités est arrivée avec un événement tragique, les attentats du World Trade Center en 2001. Le bureau de New York a pu produire des images, le photojournalisme est devenu une nouvelle activité de Getty Images. Puis, des accords ont été passés avec des agences comme l'AFP.

Aujourd'hui, Getty Images offre une palette formidablement large qui va des images Flickr aux super productions (prises de vue à gros budget), des fonds d'archives, comme la Hulton Archive à la représentation des images d'Annie Leibovitz.

De quelle manière les nouveaux outils ont-ils fait évoluer l'agence ?

L'informatique a permis d'analyser les comportements et les besoins des clients. Auparavant, l'agence n'avait pas ces informations. Cela a servi à optimiser les demandes adressées aux photographes en les amenant à traiter les thèmes manquants. Nous avions beaucoup trop d'images de voyages, trop de ciels magnifiques, tandis que d'autres thèmes étaient peu traités. L'évolution des outils a vraiment permis une montée en pertinence. Dans cet esprit, Getty Images a créé un service de recherche créative qui a immédiatement remporté un énorme succès. C'était en fait une réflexion par rapport au passé et à l'avenir, un regard sur la communication visuelle. Nous avons entrepris de faire des études marketing sur l'utilisation de la photographie, sur les tendances, et de faire un retour vers les photographes.

Getty Images a su accompagner les photographes qui ont vu que l'agence pouvait les aider à augmenter leur chiffre d'affaires et mieux, à vendre. C'est ce qui a fait notre succès.

Quelle est la répartition de votre chiffre d'affaires ?

Getty Images ne communique plus sur son bilan, mais je peux dire que la photographie d'illustration représente plus de 70 % de notre chiffre d'affaires.

Getty Images travaille-t-elle avec les entreprises aujourd'hui ?

Oui, les grands comptes recherchent certainement de plus en plus des interlocuteurs image à leurs dimensions, avec une couverture internationale. Et c'est peut-être encore plus vrai en période de crise. Les entreprises sont parties du constat qu'elles achetaient la même photo plusieurs fois ou réalisaient de nouvelles prises de vue alors qu'une photo semblable venait d'être achetée. Nous offrons à la fois un choix immense et un outil de gestion performant.

Que penser de l'utilisation grandissante des images d'amateurs par les professionnels ?

Je pense que cela a commencé avec la création des sites web semi-professionnels comme iStock ou Fotolia, et leur ambition d'inonder le marché avec une image à faible prix. On s'est aperçu qu'il y avait de plus en plus de gens qui faisaient de belles photos. Le fait est que tout le monde a un appareil numérique et, sans être professionnel, si on fait 150 images, on arrive toujours a en trouver une correcte, même si c'est le fruit du hasard.

Je pense que le numérique a fait plus de mal aux photographes professionnels que tout le reste. Avant, la prise de vue nécessitait un réel savoir-faire; aujourd'hui l'utilisation d'un appareil photo est banalisée. Cette profusion d'images venant de tous les bords, certains ont pensé à mettre en place des structures de diffusion.

Getty Images n'est jamais en reste. Nous observons les évolutions et cherchons toujours à comprendre. Ce fut le cas au début, avec les images libres de droits, les images basse résolution pour le Web et les « microstock » (iStock). Aujourd'hui, nous constatons que les choses bougent et Getty Images ne peut pas l'ignorer. Flickr est un immense vivier que nous approchons en réalisant un editing très serré. Nous recherchons des regards différents multiculturels, sur des thèmes que Getty Images n'a pas. Par exemple, nous recherchons des images de concepts, car ce sont des thèmes récurrents: la victoire, l'amitié, etc. En mars 2009, nous avions sélectionné 2 500 images. En tout cas, il ne s'agit pas de vendre des images moins cher, nous verrons bien si c'est un succès.

Vous vous rapprochez de Flickr mais vous avez fermé l'agence Scoopt qui était réservée aux images d'amateurs...

Ce n'est pas le même problème. Scoopt était une agence d'actualités née après un autre événement tragique, les attentats de Londres en juillet 2005. Vous le savez, la BBC a sollicité les passants pour illustrer l'événement, car elle n'avait pas de journalistes sur place. Nous étions dans le même état d'esprit, il fallait essayer pour comprendre, mais la photographie d'actualités est plus lourde à gérer que l'illustration. Il faut forcément vérifier l'exactitude des faits rapportés et puis, travailler avec des non-professionnels, c'est parfois signer un contrat avec un photographe pour une ou deux images, cela revient cher.

Pensez-vous que ce phénomène va se développer ?

Ce qui est certain, c'est que le marché évolue et que les choses bougent. La création est vite obsolète et nous ne savons pas exactement la localiser. En plus, la crise va peut-être renforcer la mobilité des gens qui vont se tourner vers des activités lucratives, là où ça marche. La photo est un moyen rémunérateur qui va attirer les non-professionnels.

Je voudrais dire que même si nous sommes leader, il y aura toujours de la place pour les autres acteurs du marché. Il y a de plus en plus d'images produites, mais nous consommons aussi de plus en plus d'images avec toujours cette volonté d'être créatif et original.

Vous voulez une image non filigranée ? Veuillez vous identifier ou vous enregistrer.

Feet Up

Image n° :	85153864
Type de cession de droits :	Libre de droits
Photographe :	Sarah Hall Photography
Collection :	Flickr
Crédit :	Sarah Hall Photography
Droits d'auteur :	© 2008 Sarah Hall
Taille max. de fichier / Dimensions / dpi :	19,0 Mo / 18,16 x 26,19 cm (2145 x 3093 px) / 300 dpi
Statut des autorisations :	Les autorisations des modèles sont disponibles. Cette image est adaptée à une utilisation commerciale.
Disponibilité :	La disponibilité de cette image ne peut pas être garantie avant l'achat.

Getty Images se réserve le droit d'engager des poursuites en cas d'utilisation non autorisée de cette image ou de ce plan-séquence. Si vous enfreignez nos droits de propriété intellectuelle, vous pouvez être tenu responsable des dommages réels, pertes de revenus et bénéfices résultant de votre utilisation de cette image ou de ce plan-séquence et, le cas échéant, des frais de recouvrement et/ou de dommages et intérêts pour un montant maximal de 150 000 dollars (USD).

«Feet Up»: fiche documentaire Getty Images d'origine Flickr. Copyright © 1999-2009 Getty Images, Inc. Tous droits réservés.

Conclusion

Ces pages vous auront montré à quelle vitesse les techniques liées à l'image numérique évoluent, de la production à la diffusion. Votre attention aura ainsi été attirée sur les nécessaires précautions à prendre pour la protection de vos images au niveau juridique et pour leur sauvegarde.

Les appareils de prise de vue, les outils de production, de retouche ou de gestion ou encore les prestations de service en ligne, vont continuer à évoluer suffisamment longtemps pour que vous vous sentiez chaque jour un peu plus désorienté, voir dépassé, dans vos achats et vos méthodes de travail. Que ce grand tourbillon ne vous fasse pas trop perdre la tête. Restez pragmatique en mettant au-dessus de tout la création de vos images.

Pour ce qui est de l'organisation des images numériques, l'important est de prendre conscience de la nécessité d'une méthode et, aussi modeste soit-elle, l'organisation que vous aurez choisie doit être maintenue dans le temps ; n'hésitez pas à noter votre procédure et à la relire périodiquement.

J'espère que ces pages vous auront aidé à prendre conscience de l'importance des étapes successives de tri, d'indexation et de sauvegarde, en marge de toute utilisation de solutions externes.

L'essentiel n'est pas d'être à la pointe du progrès, mais de savoir s'organiser pour prendre un minimum de risques, tant pour la protection de votre travail que pour sa transmission à vos héritiers pour ce qui est de la famille ou à vos successeurs, pour ce qui est de l'entreprise.

Nous vivons une époque sensible ; nous avons vu que la lecture et la sauvegarde de l'image numérique ne sont pas encore totalement familières aux créateurs, mais c'est aussi une époque extraordinaire où la technique met entre vos mains des outils et des services aux performances jusque-là inégalées. Que la créativité de chacun en soit renforcée !

Daniel Hennemand, le 24/09/2009

Cet ouvrage est imprimé, pour l'intérieur, sur du « LuxoSatin 135g »,
de la Papeterie STORA ENSO, certifié SCF et pour la couverture sur du
« Symbol card 240g » de la Papeterie FEDRIGONI, certifié SCF.
Achevé d'imprimer en novembre 2009
N° d'éditeur : 8003
IMPRIMÉ EN SLOVÉNIE
Dépôt légal : novembre 2009